河北省社会科学基金项目（HB15YJ038）、华北电力大学中央高校基金（2014MS150）

引入倒逼机制的河北省
节能降耗创新思路研究

李艳梅　陈增◎著

知识产权出版社
全国百佳图书出版单位

图书在版编目（CIP）数据

引入倒逼机制的河北省节能降耗创新思路研究/李艳梅，陈增著. —北京：知识产权出版社，2017.7

ISBN 978 – 7 – 5130 – 5066 – 1

Ⅰ.①引… Ⅱ.①李… ②陈… Ⅲ.①发电厂—节能减排—研究—河北 Ⅳ.①F426.61

中国版本图书馆 CIP 数据核字（2017）第 192177 号

内容提要

本书基于河北省节能减排的实际，把"倒逼机制"运用到河北省"能效电厂"项目的实施中，即把"能效电厂"所能实现的节能降耗的总目标，运用"倒逼机制"分配和落实到参与节能改造的每个企业；采用"情景分析法"对实施"倒逼机制"后的节能减排的总体效果进行模拟和评价；最后从战略和政策两个层面、基于宏观和微观两个视角，研究"能效电厂"项目健康、可持续发展的实现路径，并提出合理化的发展战略和政策建议，促进河北省节能减排目标的实现。

责任编辑：蔡　虹　韩　冰　　　　　　　　　　责任出版：孙婷婷

引入倒逼机制的河北省节能降耗创新思路研究
李艳梅　陈　增　著

出版发行：	知识产权出版社 有限责任公司	网　　址：	http://www.ipph.cn
社　　址：	北京市海淀区气象路 50 号院	邮　　编：	100081
责编电话：	010 – 82000860 转 8126	责编邮箱：	caihong@cnipr.com
发行电话：	010 – 82000860 转 8101/8102	发行传真：	010 – 82000893/82005070/82000270
印　　刷：	北京中献拓方科技发展有限公司	经　　销：	各大网上书店、新华书店及相关专业书店
开　　本：	787mm × 1092mm　1/16	印　　张：	14.5
版　　次：	2017 年 7 月第 1 版	印　　次：	2017 年 7 月第 1 次印刷
字　　数：	180 千字	定　　价：	39.00 元

ISBN 978 -7 -5130 -5066 -1

CONTENTS
目 录

第1章 绪 论

1.1 研究背景及意义

1.1.1 研究背景

改革开放以来，随着经济的快速增长，我国已成为世界上最大的能源消耗国。尽管现阶段我国面临着经济增速放缓和经济结构转变的挑战，但2016版《BP世界能源统计年鉴》（中文版）显示，我国仍然是世界上能源消耗最大的国家。2015年中国占全球能源消耗量的23%，能源消费增长1.5%。《中国统计年鉴2015》显示，2014年能源生产总量为36亿吨标准煤，能源消费总量为42.6亿吨标准煤，比上年增长2.2%。2015年，全国净增发电装机容量1.4亿千瓦，全社会用电量为5.55万亿千瓦·时，相比2014年增长0.5%。

我国不仅能源消耗高，而且能源使用效率很低。我国单位GDP能源消耗是世界平均水平的2.5倍，美国的3.3倍，日本的7倍，甚至是印度的2.8倍，在世界上排名约为75位。2013年1万元国内生产总值（GDP）能源消费量为0.8吨标准煤，美国平均1万元GDP能源总消耗量为0.25吨标准煤，全球平均水平为每万元 GDP 能源总消耗量为 0.32 吨标准煤。

　　每年由于较高的能源消耗和较低的能源使用效率，导致了严重的环境污染，使我国节能降耗面临着巨大的压力。过去 20 年间中国因环境污染和生态退化造成的损失占 GDP 的 7%~20%，2014 年环境污染治理投资总额达 9575.5 亿元，其中工业污染治理完成投资 997.65 亿元。《2015 中国环境状况公报》显示，全国 338 个地级以上城市中，有 73 个城市环境空气质量达标，占 21.6%，265 个城市环境空气质量超标；在开展了降水监测的 480 个城市（区、县）中，酸雨城市比例为 22.5%，酸雨频率平均为 14.0%。

　　河北省是一个重化工产业比较突出的省份，以高能耗产业为主，钢铁、水泥、玻璃、电力占了过半，其中钢铁产量全国第一，能源消耗量近 50%，是名副其实的耗煤、排放大户。粗放的工业结构，让河北省的空气质量一直很差，2015 年以来，全国大气污染最严重的 10 个城市中河北省每月都占 5~7 个。《2015 年河北省环境状况公报》显示，全省设区市达到或优于 Ⅱ 级的优良天数平均为 190 天，占全年总天数的 52.1%，重度污染及以上天数平均为 36 天，占全年总天数的 9.9%，全省二氧化硫排放量为 110.84 万吨，氮氧化物排放量为 135.08 万吨，所以环境污染问题一直是河北省政府和社会各界比较关心的问题。国家下达给河北省的煤炭消减任务全国第一，河北省的能源消费总量全国第二，工业领域能源消费量全国第三，煤炭消费总量全国第四，节能降耗的压力甚是巨大。

　　2016 年河北省政府工作报告指出，"十三五"时期主要目标之一为环境治理大见效、空气质量改善程度明显高于以往，PM2.5 浓度较 2013 年下降 40%，污染严重的城市力争退出全国空气质量后 10 位。坚定不移推进绿色发展，着力打造京津冀生态环境支撑区。实行最严格的环境保护制度，实施污染防控重点工程。全面节约和高效循环利用资源，科学设定并严格遵守资源消耗上限。2016 年主要工作包括：单位生产总值能耗下降 3.5%，化学需氧量、二氧化硫、氨氮、氮氧化物排放量分别削减 1.5%、2%、1% 和 2%，PM2.5 浓度下降 6% 以上。

为了有效缓解能源资源与环境因素对我国经济发展形成的制约，降低消耗，提高利用率，保护和改善环境，构筑科学合理的能源发展体系和模式势在必行。我国"十三五"规划纲要明确指出要在今后五年，单位国内生产总值用水量、能耗、二氧化碳排放量分别下降 23%、15%、18%，森林覆盖率达到 23.04%，能源资源开发利用效率大幅提高，生态环境质量总体改善。特别是治理大气雾霾取得明显进展，地级及以上城市空气质量优良天数比例超过 80%。河北省 2016 年政府工作报告也指出要深入推进大气污染防治。加快燃煤治理和清洁能源替代，继续实施煤电节能减排计划，开展千家企业能效提升行动，年内削减煤炭消费 500 万吨。通过抓住治污、节能减排这个关键点，倒逼产业结构调整，淘汰落后产能，关停高耗能企业；改造企业节能技术，实现能源效率的提高。

为了促进节能减排的有效实施，将倒逼机制引入节能降耗的思路中。倒逼机制原是经济学术语，其含义是：国有企业投融资功能不足，引起政府投融资行为对其进行强制替代，进一步导致银行信贷资金经由财政流向国有企业，形成倒逼的贷款。货币供给倒逼机制之所以产生是由于国有企业的预算约束软化状况与传统计划体制下相比并没有得到根本改观，因此，它们总是和地方政府的行政力量相融合，在货币资金获取上向国有银行不断施加压力，在对国有企业实行所谓倾斜政策的大背景下，国有银行通常总是要在一定程度上对国有企业的借款要求让步。当这种现象普遍化时，就会出现这样的结果：国有企业向国有银行的基层行施加压力突破了基层银行的信贷配额防线，国有银行的基层行又层层向自己的上级行乃至总行提出扩张要求迫使总行增加额度甚至资金，各国有银行总行最后又向中央银行申请再贷款，迫使中央银行不得不扩张规模。这种起源于国有企业借款要求的自下而上的货币供给扩张过程，就是所谓的"倒逼机制"。

本书所讲的倒逼机制是上述概念的引申，并且认为倒逼机制的内涵可以简单概括为两种。一种是外在的倒逼，另一种是内在的倒逼。外在的倒逼是由于受到宏观环境的影响，影响因素众多，比如各种政策的倒逼、外需减少的倒逼、环境恶化资源短缺的倒逼、国际环境变化引起的倒逼等。这种倒逼就需要企业或者政府机构等依靠科技进步、人文素质的提高来增强自身的竞争力，增强对外部环境变化的适应力。内在的倒逼是由于自身发展而引起的倒逼。例如，工人能力水平的提高倒逼企业快速进入现代化，企业能力的增强倒逼企业扩展等。这种倒逼机制是一种促进经济社会进步发展的内在动力。

能效电厂项目是河北省甚至是全国在节能减排的倒逼下，在总结了电力需求侧管理经验的基础上而开展的项目。能效电厂（Efficiency Power Plant, EPP），又称虚拟电厂，主要是通过改造终端用电设备和装置，以降低终端用电消耗需求的形式来生产"多余"的电能，即通过提高用电终端的用电效率，从而达到与建设实际电厂一样的效果。通常建设一个虚拟的能效电厂只需要花费 2685 元/千瓦，而建设一个实物发电设施需要 8000 元/千瓦，并且建设能效电厂可以减少煤炭的消耗和二氧化硫、二氧化碳气体的排放，这样既节约能源，又减少污染气体的排放。能效电厂项目在美国、加拿大、法国、德国、韩国等三十多个国家和地区成功实施，并取得了不错的效果。因此我国政府高度关注，并已经分别在江苏、北京、广东等地相继开展了试点工作。河北省是能源消耗大省，节能减排潜力巨大。为进一步扩大利用外资规模，推进节能减排工作的深入开展，2009 年河北省发改委谋划提出了利用亚行贷款建设节能减排促进"能效电厂"项目。2010 年 12 月，国家将该项目作为新补充项目提前列入我国利用亚行贷款 2010—2012 年备选项目规划。并于 2012 年 3 月 6 日，在亚行所在地菲律宾马尼拉顺利签订《贷款协议》和《项目协议》。

首批子项目涉及河北省 6 个地市 9 家企业的节能减排技改项目。项目总投资约 12 亿元人民币，申请亚洲开发银行贷款 1 亿美元，企业配套资金约 5.2 亿元人民币。首批子项目建成后，预计年节约标煤 27 万多吨，减排二氧化碳约 70 万吨，减排二氧化硫约 1600 吨。项目贷款采用"财政转贷和中间金融机构服务"方式，由河北省政府统借统还，期限为 15 年。据预测，该项目在 15 年贷款期内按至少循环使用三次计算，相当于利用外资 3 亿美元，按照亚行贷款金额占项目总投资的 70% 计算，相当于促进约 28 亿元人民币的节能减排项目的投资。项目全部建设完成后，预计可实现年节约标煤约 70 万吨，减排二氧化碳约 180 万吨，减排二氧化硫约 4100 吨。

虽然我国已经在一些省市实施了能效电厂项目，但在河北省乃至全国范围内推进速度缓慢。其原因包括配套政策、法律法规、组织模式、融资、激励机制等诸多方面。本文基于"节能降耗"的视角，以提高终端能源利用效率的"能效电厂"项目为对象，研究采用倒逼机制推动"能效电厂"项目健康、可持续发展的实现路径及机理分析；建立节能降耗总体效果评价指标体系，基于情景分析法评价倒逼机制对河北省节能降耗的总体效果的影响；从战略和政策两个层面，基于宏观和微观两个视角，提出合理化的发展战略和政策建议，促进河北省节能减排目标的实现。

1.1.2 研究意义

本书基于河北省节能减排的实际，把"倒逼机制"运用到河北省"能效电厂"项目的实施中，即把"能效电厂"能实现的节能降耗的总目标，运用"倒逼机制"分配和落实到参与节能改造的每一个企业；采用"情景分析法"对实施"倒逼机制"后的节能减排的总体效果进行模拟和评价；最后从战略和政策两个层面、基于宏观和微观两个视角，研究"能效电厂"项目健康、可持续发展的实现路径并提出合理化的发展战略和政策建议，促进河北省节能减排目标的实现。

综上所述，将"倒逼机制"引入"能效电厂"项目具有一定的理论意义和实践意义。

1. 理论意义

目前，虽然提出了以"倒逼机制"实现节能减排目标的思路，但并没有给出具有可操作性的具体措施，即思路只是基于宏观层面的理论论证，并没有落实到项目的运作上，没有一个着力点。本书将"倒逼机制"应用到"能效电厂"这一具体的项目，并且将"情景分析"的方法引入节能降耗的研究实践中，丰富并延伸了该理论体系的内涵，从而将节能减排的研究进一步引向深入。

2. 实践意义

第一，有利于"能效电厂"项目的健康、可持续发展，以及"能效电厂"项目在河北省乃至全国范围内的快速推进。

第二，本书基于河北省节能降耗的实际，从战略和政策两个层面、基于宏观和微观两个视角，提出具有可操作性的对策和建议，为河北省乃至全国的节能减排相关工作提供参考和借鉴。

1.2　国内外研究现状

1.2.1　国外研究现状

由于发达国家的工业进程要早于我国，因此能源、环境与经济发展间的矛盾暴露得也非常早。国外对于节能减排的研究要追溯到 20 世纪 30 年代，当时处于经济大萧条时期，能源经济学研究成为当时的热点。尤其到 20 世纪 70 年代，二次石油危机以后，能源利用带来的环境问题越来越严重，人们对能源的关注也逐渐转向能源经济领域。目前国外学者对节能减排的研究主要集中在以下几个方面。

1. 改善技术实现节能减排

改善技术来实现节能是最直接有效的方法，通过技术改造来提高能源利用率，减少温室气体的排放。德国的 Gutierrez - Guerra 和 Roberto（2009）[1]通过对传统的萃取蒸馏顺序进行最优化设计和改进，减少生产过程中的能源浪费和二氧化碳排放。值得注意的是，通过技术手段也有可能无法同时达到节能和减排的效果。如学者 Bojic 和 Panos 较早对节能和减排两个概念同时进行了研究，他们通过对鼓风炉煤气灯的研究发现，节能技术的应用并不一定伴随着排放的降低[2]。

2. 定量分析节能减排指标

Endo（1993）[3]通过将计算公式引入能源系统模型来评价 CO_2 减排效果，日本学者 Sugihara 等人（2008）[4]设计了一个城市能源系统计划的多边最优化模型，从模型在经济成本、能源消耗和排放量三方面互相补偿的角度，测评出最具有竞争力的特点，从而对能源系统进行评价。

3. 特定领域的节能减排研究

如在交通物流业的能源问题上，Saleh 等人（1998）[5]首次对运输能源消耗进行系统分析和研究，以城市为对象开发设计出了运输能源信息管理系统平台，用于城市交通能源需求的管理，以降低能源消耗的增长对环境的影响；美国的 Greene 和 Plotkin（2001）[6]讨论了美国运输能源结构中的新能源问题。英国的 Burgess 和 Choi（2003）[7]选取了两条典型运输线路对能源需求之间的数量关系进行了比较，经过实验确立了油耗量模型，该模型对于物流运输规划起到了较好的指导作用。

此外，Jiri Klemes 和 F. Friedler（2009）[8]对国际节能减排会议进行总结分析，重申了节能减排的重要性。C. S. Psomopoulos 等人（2009）[9]对节能措施实施过程与电力系统以及 CO_2 排放量的关系进行研究分析，认为电力网应该放在减排系统中，即把减少电力使用作为减排工作的一部分。Long 和 Yu（2009）[10]认为在节能减排中，政府和企业之间是一种博弈关系，因此用博弈论对政府和企业执行节能减排进行研究，证明存在以企业为主导的纳什均衡。

1.2.2　国内研究现状

国内关于节能降耗问题的研究，主要起源和兴起于改革开放以后，特别是 20 世纪 90 年代以来。在 20 世纪 80 年代以前，我国工业化进程仍处于初期阶段，能源消费未呈现加速增长势态，国内能源生产基本可以满足全社会需求，煤炭鼓励出口，石油基本自给。在该时期，对节能降耗的认识、关注、研究相对较弱。20世纪90年代以后，特别是21世纪以来，我国工业化进程快速发展，能源消耗日益膨胀，节能问题日益得到重视，并成为举国上下关注的战略问题，开展研究的机构与学者越来越多[11]。

1. 宏观层面节能减排的研究

文献［12］分析了我国节能减排的现状、存在的问题等，并提出了实现节能减排目标的对策。这些对策包括：加快调整产业结构；协调国家节能减排与地方经济发展目标；利用市场化手段和经济措施促进节能减排；促进节能减排技术转化。文献［13］对我国节能减排的现状、存在的问题以及解决路径进行了述评，并阐明我国节能减排潜力巨大，节能减排效率低下，其直接原因是我国产业结构、外贸结构、能源结构以及技术结构不合理。文献［14］分析了我国节能减排的现状、存在的问题等，并提出了实现节能减排目标的对策。利用市场化手段和经济措施促进节能减排技术转化。文献［15］从节能减排、资源节约和资源环境保护的认识着手，从建立节能减排的法制环境建设、构建节能减排的可持续发展模式等方面进行了分析研究。

2. 定量/定性分析节能减排的研究

文献［16］将非合意性产出（污染物）纳入投入和产出导向的DEA模型，计算了我国节能减排的潜力和效率，并计算了污染治理效率，采用了二维矩阵的方法，分析了各地区的节能减排路径，并研究了全要素生产率、产业结构调整与升级以及政府采取的激励约束机制对节能减排效率的影响，在此基础上通过深入分析我国节能减排面临的压力，提出了相关政策建议。文献［17］利用博弈论、模型分析等方法对节能减排的发展做了大量定量和定性的分析研究。为政府在节能减排中发挥主导性作用，建立节能减排长效综合机制，指导发展各项低碳创新技术，因地制宜地制定具有区域针对性的节能减排措施，为确保低碳经济发展目标的实现提出许多具体政策建议。

3. 实证分析节能减排的研究

文献［18］侧重于对中国节能减排现状和促进节能减排税收政策的实证分析，评价了我国税收制度促进节能减排的效应，证明当前我国主要涉及节能减排的税种尚有很大的改善空间。文献［19］以盐城城市经济发展与节能降耗为实证案例，旨在研究在经济转型与产业升级过程中节能降耗与发展经济的矛盾以及节能降耗存在的问题，并分析问题产生的原因，进而提出解决节能降耗存在问题的措施与建议。文献［11］对河北省节能降耗现状以及对此提出的对策进行了研究。

4. 倒逼机制引入节能减排的研究

国内也对将"倒逼机制"引入节能降耗进行了大量的研究。文献［20］指出必须通过政府的调控，充分利用经济手段、政策手段和监管手段，营造可持续发展的氛围，形成"倒逼机制"，从而约束企业的自利行为，尽快实现节能减排的目标。文献［21］对建立能源消费倒逼机制的可行性和主要障碍进行了分析。文献［22］针对国家《能源发展"十二五"规划》提出的目标，预测了煤炭市场倒逼机制下我国能源消费总量及结构在2014年和2015年的情况。在文献［23］中，能源消费控制首提倒逼机制，先制订总量控制目标再向各省下放配额。

5. 能效电厂项目节能减排的研究

我国一次能源使用总量最多的是煤炭，而我国电力行业主要是火力发电，火力发电就要消耗大量的煤炭，近几年随着工业化进程的发展和经济社会的发展，无论是工业用电还是居民用电其水平都在不断提高，对电力的需求呈现快速增长的趋势。

在我国电力需求大、电力利用率低下，同时还要进行节能的背景下，能效电厂项目已然成为我国节能降耗的一个重要措施。文献［24］将能效电厂与常规电厂进行比较，阐明了能效电厂具有的优势及其节能减排的能力和我国部分地区实施能效电厂项目取得的成效，笔者通过对以上的分析总结提出了若干推进能效电厂建设的政策建议。文献［25］指出在发电企业实施能效电厂项目并进行推广，通过对发电企业实施节能减排监管，可以达到提高发电用电能效减少温室气体排放的效果。文献［26］通过实证分析上海的一个能效电厂项目——绿色照明推广项目，上海市累计共有53个单位参与了此次绿色照明示范工程，共投入42万个高效灯具，从效果上来看，上述项目推广用灯可以减少高峰用电负荷6620千瓦（成本为317元/千瓦），年节电700万千瓦·时，成本为0.3元/（千瓦·时），寿命周期成本不足0.1元。如此推算，该项目相当于年节约发电用煤4000吨，减排包括二氧化碳中的碳2400吨，减排二氧化硫75吨，减排氮氧化物64吨。

从上述文献综述可以看出，我国在节能减排方面的研究相对比较多，一些理论也相对比较成熟。也对"倒逼机制"在节能减排方面的应用进行了研究，但目前将"倒逼机制"应用于"能效电厂"项目，促进"能效电厂"项目的快速发展的研究还鲜见于世。

1.2.3 研究现状总结

关于节能降耗问题，国内外学者做了大量的研究，但是多仅限于理论层面上，从政策制定和运行实施角度去思考和分析的不多，结合实情对河北省节能降耗问题的研究也不多。而且大多数都是定性分析，定量研究少。具体来看：一是研究内容较为宏观宽泛。一些研究内容面面俱到，但对问题的讨论研究流于表面。二是研究缺乏针对性。大多数学者都是从全国角度对节能降耗问题提出成因及解决办法，没有针对河北省实际情况来研究，没有对河北省能源发展使用情况进行剖析，缺乏实际数据支撑，使得研究不深入，实际操作起来针对性不强，对实践应用的指导认识还不够深入。三是有少量资料采用了某地区案例研究和比较研究的方法，但大部分的研究在方法的选择上较为单一，缺乏数据佐证，研究成果有局限性[11]。四是提出以"倒逼机制"实现节能减排目标的思路，但并没有给出具有可操作性的具体措施，没有落实到具体项目的运作上。基于以上原因，本书对引入"倒逼机制"的河北省节能降耗创新思路进行研究。

1.3 研究内容和方法

1.3.1 研究内容

1. 主要内容

节能减排包括两层含义：一是节能，即节约能源消耗和提高终端能源利用效率；二是减排，即减少污染物的排放。这两方面共同努力才能实现节能减排的预期目标。

本书基于"节能"的视角，以提高终端能源利用效率的"能效电厂"项目为对象，研究如何采用倒逼机制推动"能效电厂"项目健康、可持续发展。基于情景分析法评价倒逼机制对河北省节能降耗的总体效果的影响。并提出合理化的发展战略和政策建议，促进河北省节能减排目标的实现。

2. 总体框架

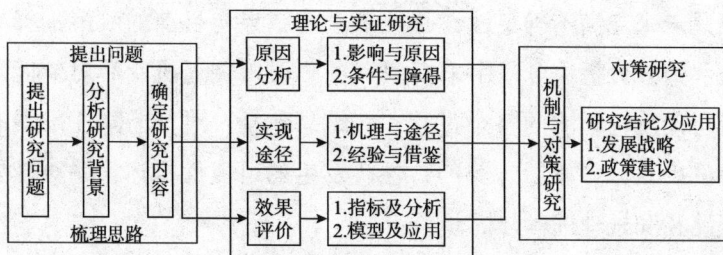

3. 主要目标

本书在研究、分析和论证的基础上，主要实现以下几个目标：

（1）河北省"能效电厂"项目发展缓慢的原因分析。

以提高用电终端能源效率为目的而实施的"能效电厂"项目在河北省乃至全国范围内推进速度较缓慢，其根本原因是什么？本书通过深入地实地调研和分析，找出上述问题的根源所在。

（2）采用倒逼机制激活河北省"能效电厂"项目快速发展的实现路径和机理分析。

一个"能效电厂"项目包含电机改造、双蓄空调等多类节能项目，每类项目又涉及多个用能企业。把倒逼机制的理论引入节能降耗的实践中，通过设定"能效电厂"节能降耗的总体目标，综合权衡每类项目（电机改造、双蓄空调等）的规模、特征等因素，倒推各类节能项目应实现的节能分目标，进而可以推出分配给每个用能企业的节能目标，通过倒逼机制，把节能目标分配并落实到每个用能企业，可以有效提高用能企业参与节能改造的积极性，激活河北省"能效电厂"项目的快速发展以及促进节能降耗目标的实现。

（3）基于情景分析法的倒逼机制对河北省节能降耗的总体效果的影响评价。

情景分析法是假定引入倒逼机制的前提下，对节能降耗的总体效果可能产生的影响做出预测和评价。该方法最核心的观点是未来充满不确定性，并且未来的结果与目前的政策选择有关。情景分析法可以用来模拟和预测引入倒逼机制后对节能降耗可能产生影响的整个过程，其结果包括：对节能降耗发展态势的确认，各发展态势的特性、发生的可能性描述，并对其发展路径和机理进行分析。

（4）为河北省政府层面或相关部分提出合理化发展战略和政策建议。

通过上述的研究和分析，对河北省节能降耗提出合理化的发展战略和政策建议，并形成一种可持续发展的有效和长期的机制；从战略和政策两个层面研究如何为"能效电厂"项目的实施创造可持续发展的有利环境，以利于河北省节能工作的开展和节能降耗目标的实现。

4. 重点和难点

（1）企业能效的提高意味着能源消耗总量的减少，这将直接影响用能企业的盈利。如何平衡节能降耗目标的实现与用能企业利润减少的矛盾？

（2）"能效电厂"节能降耗总目标如何合理分配和落实到各类项目和用能企业？是依据不同种类的项目的能源消耗量按比例分配，还是依据第三方给出的节能潜力评估的结果来分配，或者是依据其他的信息来分配？

（3）情景分析法是基于一定的假设条件进行情景模拟的，如何使这种基于假设的分析和评价更接近客观实际？

（4）本书的研究对象是对用能企业进行节能改造的"能效电厂"项目，如何找到一个合适的"能效电厂"并开展深入全面的跟踪和研究是本研究的一个难点问题。

1.3.2 研究方法

1. 基本思路

本书基于"节能降耗"的视角，以提高终端能源利用效率的"能效电厂"项目为对象，研究采用倒逼机制推动"能效电厂"项目健康、可持续发展的实现路径及机理分析；建立节能降耗总体效果评价指标体系，基于情景分析法评价倒逼机制对河北省节能降耗的总体效果的影响；从战略和政策两个层面，基于宏观和微观两个视角，提出合理化的发展战略和政策建议，促进河北省节能减排目标的实现。

2. 具体研究方法

本书是基于节能减排的现实背景和实证分析基础的应用性理论研究。该研究从实现河北省节能减排目标的现实问题出发，以"能效电厂"的实施运作为着力点，将理论研究和实证分析相结合。理论研究以"倒逼机制"和"情景分析法"为基础展开分析；实证研究在理论研究的基础上，将定性的、定量的、时序的、横断面的分析相结合；定性分析注重战略和政策的结合；定量分析强调把可靠的数据、实用的方法运用于模型的建立和情景的仿真模拟。

1.4 本书的创新点

（1）把"倒逼机制"引入河北省节能降耗的实践中。

（2）建立节能降耗总体效果评价体系。

（3）利用"情景分析法"研究"倒逼机制"对河北省节能降耗的总体效果的影响。

（4）从战略和政策两个层面建立"能效电厂"项目可持续

发展的创新思路和长效机制。

1.5　本章小结

　　本章通过对论文研究背景的介绍和分析，论证了引入"倒逼机制"的河北省节能降耗创新思路研究的理论价值和现实意义；分析了节能降耗在国内外的研究现状，指出了目前研究状况的不足之处，明确了需要进行深入研究的主要问题，并且在此基础上，提出了本书的研究内容、研究方法、基本框架和创新点。

第2章 基本概念和理论

2.1 节能减排

2.1.1 节能减排的概念

节能减排就是节约能源、降低能源消耗、减少污染物排放。节能减排包括节能和减排两大技术领域，二者有联系，又有区别。一般地讲，节能必定减排，而减排却未必节能，所以减排项目必须加强节能技术的应用，以避免因片面追求减排结果而造成的能耗激增，注重社会效益和环境效益均衡。

《中华人民共和国节约能源法》所称节约能源（简称节能），是指加强用能管理，采取技术上可行、经济上合理以及环境和社会可以承受的措施，从能源生产到消费的各个环节，降低消耗、减少损失和污染物排放、制止浪费，有效、合理地利用能源。

能源是指能够提供某种形式能量的物质或物质的运动。《科学技术百科全书》中是这样解释的："能源是可从其获得热、光和动力之类能源的资源。"《大英百科全书》说："能源是一个包括所有燃料、流水、阳光和风的术语，人类用适当的转换手段便可让它为自己提供所需的能量。"能源又称"能量资源"，是指可以从中获得热能、机械能、电能、化学能、光能或核能等各种形式能量的一切自然资源。简而言之，能源是自然界中能为人类提供某种形式能量的物质资源，包括煤炭、原油、天然气、电力、焦炭、煤气、热力、成品油、生物质能等各种资源。《节约能源法》指出："能源，是指煤炭、石油、天然气、生物质能和电力、热力以及其他直接或者通过加工、转换而取得有用能的各种资源。""能源"这一概念包括两方面内容：一是能提供能量的物质，如煤、石油等；二是能提供能源的物质运动。而物质运动产生的能量又有两种形式：一种是分子运动产生的能量，如煤、石油通过燃烧产生的热能；另一种是物质的机械运动产生的动能，如水不能算能源，而水在流动过程中产生的水能便属于能源。能源有一次能源和二次能源两类，是呈多种形式的、可以相互转换的能量的源泉。

2.1.2 节能减排的提出背景及意义

1. 节能减排的提出背景

随着人们对气候变化问题的不断关注和认识水平的不断提高，人们发现人类大规模使用化石能源、大量排放 CO_2 等温室气体是导致全球气候变暖的主要原因。加之，近年来全球能源市场动荡加剧，因此，国际国内社会正在寻找一种新的经济发展模式，希望以更低的能源强度和温室气体排放强度支撑社会经济高速发展，实现经济、社会和环境的协调统一。

（1）国际背景。

早在 1992 年，154 个国家和地区的代表签订了第一份关于气候变化的国际性条约《联合国气候变化框架公约》。1997 年，在日本举行的第三次缔约方会议上，又签订了《京都议定书》。

《联合国气候变化框架公约》和《京都议定书》都特别强调，发达国家应该严格履行减排目标，并在2012年后继续率先减排，发展中国家应该根据自身情况采取相应措施，特别是要注重引进、消化、吸收先进清洁技术，为应对气候变化做出力所能及的贡献。在此背景下，"低碳经济""低碳技术""低碳发展""低碳生活方式""低碳社会""低碳城市""低碳世界"等一系列新概念应运而生。

20世纪70年代，受石油危机的冲击，西方世界急剧的通货膨胀、高失业率使社会、经济环境变得更加动荡，美国面临着严重的能源危机，美国通过节能措施、使用可再生能源等方式来降低能源的大量需求，过去十几年来，美国相继出台了包括《21世纪清洁能源的能源效率与可再生能源办公室战略计划》《国家能源政策》在内的多项政策来推动节约能源。2001年5月，副总统切尼组织的"美国国家能源政策发展小组"建议总统布什通过加大公共财政来支持节能工作。这项计划表明，美国已经开始高度重视各项节能问题并强调通过高新技术来提高能源的利用效率。

2003年，美国能源部颁布了《能源战略计划》，把"提高能源利用率"上升到了能源安全战略的高度，同时提出四大能源安全战略目标，计划在2005年至2010年六年时间内，花费200亿美元发展能源技术。2005年，美国还颁布了《2005年国家能源政策法》，主要说明了美国现行的能源战略规划。2007年7月，美国参议院提出了《低碳经济法案》，表明低碳经济的发展道路有望成为美国未来的重要战略选择。

日本在第一次石油危机以前走的是一条粗放型的经济增长道路，主要依靠劳动和能源的投入量来实现经济增长，第二次世界大战之后日本制造业的高速增长是以各种资源尤其是不可再生资源的巨量消耗为代价的。随着重化工业的快速发展，日本环境遭到严重破坏，加上石油危机的影响，能源问题已经影响到国家安全。因此，日本政府迅速调整了在能源方面的战略，实施了一系列政策，采取了节能降耗、能源多样化等措施。在众多措施中，发展新能源与推广节能技术是极其重要的。为了达到节能降耗的目的，日本政府采取了一系列措施，引导全社会自上而下地开展节能降耗运动，主要有调整产业结构、开发新能源、推广节能技术等措施，日本的企业在全社会节能降耗的大背景下，主动采取措施进行节能降耗。

20 世纪 90 年代前，日本为提高工业的生态标准做了许多努力，如推广和使用再生纸。日本政府加大科研投入，提高再生纸产量，同时在各地政府机关和企业中提高再生纸的使用率，使其能够形成市场规模，从而推动了再生纸的产业化。目前在日本纸制品市场上，再生纸所占比例已经达到了 60%，促进了资源的循环利用。

英国在 19 世纪中期以后，随着工业化进程的不断加快，经济的飞速发展，生态环境遭到了前所未有的破坏，泰晤士河及英国境内其他河流水污染达到饱和状态，鱼类几乎灭绝；伦敦成为世界闻名的"雾都"[27]。1994 年，英国率先制定了《可持续发展：英国的战略选择》，为英国的节能环保制定了一部基础性文件。1999 年 5 月，英国政府公布第二份可持续发展战略，确定了同步发展经济、社会和环境的目标，并引入了量化指标。2005 年 3 月，英国政府出台第三份可持续发展战略，规划了到 2020 年英国社会和环境的发展方向。2007 年 7 月，英国政府发布新的可持续发展指标统计，详细地介绍了 68 个领域的发展变化状况。2007 年 11 月 19 日，英国政府正式公布了《气候变化法案》（以下简称《法案》），现已进入议会立法程序。通过

《法案》，英国以法律的形式规定了政府在降低能源消耗和减少二氧化碳排放量中的具体工作：一是成立气候变化委员会；二是设定二氧化碳减排目标；三是完善温室气体排放贸易制度。

（2）国内背景。

发达国家走过了先污染后治理的道路，并且已经为污染付出了巨大代价，而目前其环保产业和环保技术已经相对较为成熟。基于前车之鉴，我国逐步认识到环境保护的重要性，并已采取了一定的应对环境污染的措施。为全面落实科学发展观，加快构建社会主义和谐社会，充分做好环境保护工作，2005年国务院出台《关于落实科学发展观加强环境保护的决定》，指出在国民经济快速增长、人民群众消费水平显著提高的情况下，环境形势严峻。主要污染物排放量超过环境承载能力，流经城市的河段普遍受到污染，许多城市空气污染严重，酸雨污染加重，持久性有机污染物的危害开始显现，生态破坏严重，水土流失量大、面积广，石漠化、草原退化加剧，生物多样性减少，生态系统功能退化。发达国家上百年工业化过程中分阶段出现的环境问题，在我国近20年来集中出现，呈现结构型、复合型、压缩型的特点。环境污染和生态破坏造成了巨大经济损失，危害群众健康，影响社会稳定和环境安全。

在这样的大背景下，为了既能够实现国内自身经济增长方式的转变，又能适应国际全球低碳发展的大潮流，我国政府于2006年年初提出：希望到2010年，单位国内生产总值（GDP）能耗比2005年降低两成、主要污染物排放减少一成。这两个指标结合在一起，就是通常所说的"节能减排"。计划要把节能减排工作作为当前加强宏观调控的重点，作为调整经济结构、转变增长方式的突破口，使经济发展建立在节约资源和保护环境的基础上。

随着中国经济和社会的发展，以及工业化、城镇化进程的加快，能源的需求不断增长，我国稳定、经济、清洁、安全的能源供应体系也将面临重大挑战，主要表现在以下几方面：

1）资源的约束突出，能源利用效率较低。我国优质的能源资源不足，会制约供应能力的提高；能源资源地域分布不均，也增加了供应的难度；粗放的经济增长方式、不合理的能源结构、低水平的能源技术装备和管理水平的落后，导致单位国内生产总值能耗和主要耗能产品能耗高于世界能源消费国家平均水平，这会加剧能源供需矛盾。而且只依靠增加能源供应，不能满足持续增长的消费需求。

2）能源结构以煤为主，环境压力较大。煤是中国的主要能源，在未来相当长的时期内，以煤为主的能源结构不会改变。而相对落后的煤炭生产和消费方式，会对环保产生较大的压力。煤炭的大量使用是造成大气污染和温室效应的主要原因。这会给生态环境带来巨大的压力。

3）市场体制不完善，应急能力有待提高。我国能源市场有待完善，能源价格机制不能与国际接轨。能源资源勘探开发的秩序有待进一步规范，能源监管体制尚未健全。煤矿生产安全不能保障，电网结构不够合理，石油储备能力不足，有效应对能源供应问题和重大突发事件的预警应急能力有待进一步完善和加强。

2. 节能减排的意义

节能减排是贯彻落实科学发展观，构建社会主义和谐社会的重大举措；是建设资源节约型、环境友好型社会的必然选择；是推动经济结构调整，转变增长方式的必由之路；是提高人民生活质量，维护中华民族长远利益的必然要求。2007 年 4 月 27 日温家宝总理在全国节能减排工作电视电话会议上要求，必须把节能减排作为当前宏观调控的重点，作为经济结构调整、转变增长方式的突破口和重要把手，作为贯彻科学发展观和构建和谐社会的重要举措。

节能减排直接关系到我国经济平稳快速可持续发展，节能减排措施的强制实施，将大大缓解经济快速增长带来的能源和环境压力。

首先，节能能够减少能源浪费和消耗，突破能源瓶颈，缓解能源压力，保障我国能源安全。近几年来，我国国民经济在高速发展的同时，不断受到资源和能源短缺的压力。电荒、水荒、油荒接踵而至，给经济发展带来了日益增长的压力，也给人们的日常生活带来诸多不便。我国经济发展所遭遇的能源瓶颈，反映出能源对经济增长的制约作用，这也是资源配置失衡的重要信号。过去那种靠投资拉动的粗放型经济增长方式已使有限的资源难以为继、不堪重负。我国能源安全形势日益严重，能源已成为制约我国经济和社会发展的瓶颈。只有大力开展节能工作，才能从根本上解决能源浪费问题，才能提高能源经济效率。

其次，减排就是减少污染排放，保护我国环境。目前我国的生态破坏和环境污染已经达到自然生态环境所能承受的极限，为了使经济增长可持续，缓解巨大的环境压力，必须以环境友好的方式推动经济增长。节能减排就是从源头预防污染产生，最有效地减少资源消耗，不排放废弃物，从而真正解决当代中国的发展困境，节能减排也是应对全球气候变暖，履行《京都议定书》的迫切需要。另外，节能减排倡导正确政绩观，有利于促进我国经济又好又快发展。

总之，节能减排是贯彻落实科学发展观、构建社会主义和谐社会的重大举措；是建设资源节约型、环境友好型社会的必然选择；是推进经济结构调整，转变增长方式的必由之路；是维护中华民族长远利益的必然要求。

2.1.3　节能减排的必要性

能源不是取之不尽，用之不竭的，特别是石油、煤、天然气等不可再生能源要经过久远的地质年代才能形成，用一点少一点，因此节约利用、合理利用、高效利用显得尤为重要。在当前能源供求日趋紧张的形势下，抓好节能是确保经济可持续发展的关键环节。

能源的特点决定其必须被节约、理性地应用。能源在保障国民经济增长、促进社会进步和提高人民生活水平等方面发挥着积极作用。能源是发展工业、农业、国防、科学技术以及改善人民生活必不可少的燃料和动力来源，是人类赖以生存的重要物质基础。

能源的特性决定了其必须被节约、合理、综合利用。能源具有地域性、分布不均、稀缺性，化石能源还具有不可再生性，有限的资源相对于人类无限的欲望总会显得不足。因而我们说能源资源是稀缺的。能源稀缺并不意味着难以得到，而仅仅意味着不付出代价就不能得到。能源稀缺使其成为经济发展的重要制约因素，并对环境保护造成压力。因此节约能源和开发利用新能源已成为新时期能源经济面对的现实课题。

我国的产业总体发展水平低下，产业构成不协调，结构比例不合理等问题也成为制约经济进一步发展的瓶颈；近年来对能源需求迅速增长，供需矛盾尖锐，能源面临严重安全威胁，能源供需缺口不断扩大，能源供应紧张；以煤炭为主的能源结构存在结构上的硬伤，大量燃煤燃烧造成了严重的大气污染，加之对 GDP 的追求，严重忽略了环境问题，导致了生态环境遭到严重毁坏，改善生态迫在眉睫。我国面临着多重压力，优化产业结构，转变生产方式，保证清洁、经济、充足、安全的能源供应，走可持续发展的道路是我国经济发展长期需要面对的重要问题。目前，在我国大力发展节能减排是非常必要的，这是我们推进经济结构调整、转变增长方式的必由之路，是建设资源节约型、环境友好型社会的必然选择，是贯彻落实科学发展观、构建社会主义和谐社会的重大举措。

1. 政治上的必要性

（1）节能减排的发展有利于我国开展能源外交，保障我国能源安全。

在 20 世纪 70 年代，全球发生了举世瞩目的能源危机，让大家对能源在世界政治经济发展中的重要作用有了新的认识，有人甚至认为能源在世界政治经济中的作用与军事所发挥的作用不相上下。在这样的大背景下，世界能源政治和大国间能源外交便应运而生。经过随后几十年的进一步发展，双边及多边能源外交理论与实践又得到了迅速发展。发展至今，已形成了较为完整的能源外交理论，总体来说主要包括以下两个方面：一是指为保障国家在能源领域中的经济利益而采取的外交行动；二是因为能源因素常被用作达到某种具体的政治目的，所以能源外交中也可有政治原因。所以全球各国为了自身的经济目的和政治目的，在全世界范围内就能源问题展开了越来越激烈的竞争或越来越密切的合作，使得能源安全成为继军事安全、经济安全、金融安全之后的又一大安全问题。近年来，随着全球气候变暖时代的到来，能源问题更是成为各国关注的热点，各国都在为了保障自身的能源安全而展开不懈的努力。

对于当前的中国而言，能源的重要性更是不言而喻，因为我国正处于经济总量的高速增长期，而这又是以能源消费的同期高速增长为基础的。面对如此严峻的形势，我们怎样保障我国的能源需求，进而确保我国的经济发展和社会运行，更进而保障我国的社会、政治和谐和繁荣发展。对此，当前最好的方法就是开展有利的能源外交，解决我国正在面临或者即将面临的能源无法自足和依赖进口的局面，从而保障我国的能源安全。

而在这一轮新的能源外交中，以能源利用的多元化、高效化与清洁化为显著特征的节能减排将发挥至关重要的作用。如果节能减排在我国顺利展开，可持续发展模式在我国一旦实现了，那么就可以使我们不再一味地依赖煤、石油等化石能源，而是有了核能、风能、水能等更多的选择，进而使我国的能源供给变得多元化，从而降低我国能源结构单一和依赖进口的潜在风险，提高我国应对能源危机的能力。从这个意义上讲，发展节能减排对于保障我国的能源安全以及政治安全将起到至关重要的作用。

（2）节能减排的发展能够减轻我国在气候变化问题上可能面临的国际政治压力。

由于我国人口众多、能源结构单一、能源使用效率不高等原因，长期以来我国的温室气体排放总量居高不下，目前仅次于美国，居全球第二位。更有甚者，预计到 2020 年前后，我国将与美国不相上下，甚至超过美国，成为全球第一大温室气体排放国。对此，当全球各国都在努力控制温室气体排放的时候，我国在努力实现工业化和现代化的同时，必须未雨绸缪，化压力为动力，寻求"低碳"的发展道路。

作为一个负责任的发展中大国，我国在经济发展的同时，也早就开始着手准备减少温室气体排放等工作，为减缓全球气候变化做出了积极的贡献。早在 2007 年 6 月，我国就颁布了《中国应对气候变化国家方案》，对于我国应对气候变化的具体目标、基本原则、重点领域及其政策措施进行了细致阐述。

作为全球范围内具有约束力的温室气体减排指导性文件，《京都议定书》明确了全球各国共同但有区别的责任，在2012年之前我国并没有约束性的减排指标，我国主要采取的是"自愿承诺减排"对全球负责的原则。但是2012年《京都议定书》到期后，我国作为最大的发展中国家及温室气体排放量全球第二的国家，在国际舞台上将面临巨大的政治压力。为了遏制中国、印度等经济发展较快的发展中国家，美国曾利用全球减排的契机，提出由全球排放量最大的20国共同达成某种应对气候变化的国际协议。届时，我国将面临巨大的环境压力与减排压力，更为严重的是我国经济将面临严重的发展阻碍。这样一来，我国在应对气候变化的国际舞台上将变得非常被动。

而节能减排的主要目的，正是通过采取一系列法律、经济、行政及技术等手段，促进相关科技开发与研究能力的大幅提高，进而实现提高能源使用效率、优化能源结构、遏制环境污染、提高公众气候变化意识和完善气候变化管理机制等。所以，如果我国能够大力发展节能减排，顺利走上可持续发展的道路，实现低碳发展，那么我国在应对气候变化的舞台上将有更广泛的活动空间，在"后京都时代"能够更积极地参与到建立国际排放新秩序中去，在国际政治舞台上也将更能掌握主动权。

2. 经济上的必要性

（1）节能减排的发展能够提高我国的经济发展质量。

统计资料显示，2001—2010年国内生产总值年平均增长10%左右，全国有200多个地级市GDP平均增长17%，部分城市达到了30%以上。我们在关注我国经济高速增长的同时，也应该注意到由此引发的环境形势日益恶化、能源日益紧张、经济结构不合理等问题。我们应该吸取西方发达国家的发展经验，不能再走"先发展再治理"的老路，不能再以牺牲环境和资源为代价来换取经济发展。当前如果要从根本上扭转我国环境日益恶化、以高能耗高污染换高增长的趋势，就需要从调整经济结构、提升经济发展质量入手。

而节能减排正是促进我国经济由粗放式增长向集约式增长转变的一剂良药。节能减排发展的内在要求就是要发展低碳新能源，提升能源利用率，降低单位 GDP 能耗，促使经济社会健康可持续发展。所以，在节能减排发展过程中，相应地就要采取一系列措施，确保以上要求的实现，例如，加大低碳相关领域研发力度，不断提高能源使用效率，扩大核能、风能等低碳新能源的使用比例；提高行业标准，加大淘汰污染工艺、设备和企业的力度；提高各类企业的排放标准，改善生态环境；提升企业的自主创新能力与科技水平，提高第三产业企业数量在国民生产中的比重。这一系列措施对于提高我国能源使用效率，降低单位 GDP 能耗，缓解当前经济发展与资源环境约束之间的矛盾将起到立竿见影的作用；对于改变我国的经济增长方式，由高能耗、高污染、低效率向低能耗、低污染、高效率转变将发挥至关重要的作用；对于我国进一步推动经济结构的战略调整，节约利用土地、水、能源，发展循环经济起到推波助澜的作用。因此，通过发展节能减排，能够有效地转变我国现有的经济增长方式，提高我国的经济发展质量。

（2）节能减排能够促进经济生产方式与消费方式的转变。

节能减排在发展过程中有两个显著的特征：循环经济和清洁生产。循环经济是指把经济活动组织成"资源—产品—再生资源"的反馈式生产流程，以低开采、高利用、低排放为特征；清洁生产是指最大限度地提高资源和能源的利用率，最大限度地减少它们的消耗和污染物的产生，且一直贯穿于资源的开采、产品的生产、产品的使用和废弃物的处置全过程中。因此，如果我国一旦大力开展节能减排，实现低碳发展模式，那么城市的社会生产模式将实现向循环经济与清洁生产转变，进而促进经济、社会向低碳化方向发展，维持经济与资源、环境的协调发展，最终实现人类发展模式的转变与国家的可持续发展。

要发展节能减排，实现大众有度消费将是一条非常重要的途径。有度消费并不是限制人们的消费，而是要改变人们的消费习惯，它要求在尽量不影响经济发展和人民生活水平提高的前提下，自觉抵制过度消费的现象，养成节约能源、提高能效的健康科学的生活习惯。这种消费模式在有效降低污染物排放的同时，是不会降低人们的生活质量的，因此值得我们努力推广，是一种双赢的消费模式。因此，从促进生产方式和消费方式转变的角度考虑，在我国发展节能减排是有必要的。

3. 环境和科技上的必要性

（1）节能减排能够显著减少污染物排放，有效改善环境质量。

随着全球经济的高速发展以及高度工业化时代的到来，人们对能源资源的不断开发以及利用，在为人类经济发展做出重要贡献的同时，给我们的生态环境也带来了严重的负面影响，而且这种影响越来越凸显。近年来尤以全球变暖引起世人的关注。有资料显示，近30年来，全球平均气温明显上升，主流观点认为这主要是由于二氧化碳、甲烷等温室气体的大量排放所致，而化石燃料的使用是这些温室气体增加的主要原因。全球变暖将对地球自然生态系统和人类赖以生存的环境带来巨大的影响。

近几年，由于我国不合理的经济结构以及粗放的增长方式，使得虽然在经济增长方面取得了一定的成绩，但是为此也付出了惨重的资源与环境代价，经济发展与资源环境的矛盾日趋尖锐，民众对环境污染问题的反应也越来越强烈。加之我国能源结构先天不合理，以煤炭为主的能源结构将导致大量二氧化碳、二氧化硫粉尘等温室气体和大气污染物的产生。因此，只有加快调整产业结构，转变增长方式，才能缓解目前的矛盾。而节能减排正是以低能耗、低排放为显著特征的，能够有效提高能源利用率，加大可再生能源利用比例，减少环境污染物的直接排放，以能源资源消耗换高速经济增长的趋势也能不断改变，从而不断改善环境质量。从这个意义上讲，在我国发展节能减排是非常有必要的。

（2）节能减排相关技术的提升能够促使我国科技水平的提升。

当前，我国节能减排的压力主要集中在电力、交通和建筑等耗能工业部门，要想完成我国的节能减排任务，就需要不断发展这些相关领域的高新技术，因此相关高新技术的研发与应用就成为发展节能减排的关键。换句话说，如果我国要想发展节能减排，就需要国家在教育、人才和研究资金等方面给予支持，大力发展相关技术，这样势必能促使我国科技水平不断提升。同时，我国还会采取"走出去"战略，积极和世界上的节能减排技术发达国家开展技术合作，引进适宜国内产业发展与环境保护的先进技术，这样也必将能够促使我国科技水平的提升。

总之，我国在全球低碳经济大背景下，大力倡导节能减排，并已经出台了一系列支持其发展的措施，在不断提高节能减排相关技术水平的同时，也必将为整个科技领域带来积极因素。因为这些措施对科学技术领域存在正外部性，节能减排相关技术的发展及其在社会生产中的应用，将会作用到其他科学技术领域，从而促进全社会技术的全面发展。国内自主创新技术与国外引进的先进技术应用到工业生产，也将推动工业装备的不断改造升级，带动国民工业生产工具的革新以及科技水平的进一步提升。从这个角度考虑，当前在我国发展节能减排是非常有必要的。

2.2 能效电厂

2.2.1 能效电厂的概念

1. 能效电厂的定义及内容

能效电厂（Efficiency Power Plant，EPP）是一种虚拟电厂，即通过实施节电改造工程，提高终端能源使用效率，减少用户的电力消耗需求，从而达到与建设常规电厂及其相应的输配电系统同样的目的，促进节能减排工作的实施[28]。

（1）狭义能效电厂：是指将各种节电项目（包括高效电动机能效电厂、节能变压器能效电厂、绿色照明能效电厂等）实施所产生的节电效果打包成一定规模的虚拟电厂。

（2）广义能效电厂：扩充了"能效电厂"概念，不仅将节电项目，而且将其他节能项目也纳入能效电厂的范畴，包括余压余能利用、可燃废气发电和其他节能措施。

2. 能效电厂的分类

能效电厂可以按照不同的方式分为多种类型。

（1）能效电厂按照运行方式划分。

能效电厂按照运行方式划分主要有四种，分别为：确定性能效电厂、随机性能效电厂、移峰填谷类能效电厂和可调节类能效电厂，见表2.1。

表 2.1　按照运行方式划分的能效电厂种类及其运行特点

种　类	特　点
确定性能效电厂	运行稳定、负荷连续运转、负荷曲线确定
随机性能效电厂	随机性强，能效电厂的处理也具有不确定性
移峰填谷类能效电厂	负荷低谷时段运行
可调节类能效电厂	可中断负荷、需求侧响应负荷等

确定性能效电厂的能效设备主要是工业中连续运转或者运转具有很大规律性的用电设备。确定性能效电厂的理论容量是其常规设备的用电总功率和节能改造后高效节能设备用电总功率的差值；其削峰容量是负荷高峰时段运行的节能设备所节约负荷的总额[29]。

随机性能效电厂其设备的运行具有很大的随机性，由于国内没有专门机构对能效管理中各种措施产生的效果进行详细的测算，因此这类设备的负荷曲线特征并不能完全确定。随机性能效电厂的削峰容量需要把具有相同替代系数的设备分类归并计算后再汇总得出[29]。

移峰填谷类能效电厂的特点是设备在负荷高峰时段不运行或者维持低功率运行。其一般在负荷高峰时段不运行，在负荷低谷时段运行，而且一般运行时所消耗的功率或者电量要大于被替代设备，因此移峰填谷类能效电厂的总用电量一般都大于被替代设备的用电量[29]。

可调节类能效电厂是指能效电厂的出力曲线可以通过某些手段进行调节，主要包括可中断负荷与需求侧响应等电力负荷管理措施。这类能效电厂的理论容量即是其最大负荷削减量，其出力可以根据具体情况来调节[29]。

（2）能效电厂按照技术类型划分。

能效电厂按照技术类型划分可分为以下几类：照明设备能效

电厂、高效电动机能效电厂、变频设备能效电厂、移峰设备能效电厂、高效家电能效电厂、可中断设备能效电厂、节能变压器能效电厂以及高效电加热能效电厂等。其节电方式如表2.2所示。

表2.2 不同类型能效电厂及其节电方式

种类	节电方式
照明设备能效电厂	使用高效节能的照明设备来实现节约用电
高效电动机能效电厂	使用能效转换高的电动机来实现节约用电
变频设备能效电厂	使用效率更高的变频设备来实现节约用电
移峰设备能效电厂	用蓄冷、蓄热手段来实现转移高峰负荷从而实现节电
高效家电能效电厂	使用效率更高的家电来实现节约用电
可中断设备能效电厂	使用中断设备来降低电网高峰时段用电需求
节能变压器能效电厂	使用高效节能的变压器设备来实现节约用电
高效电加热能效电厂	使用高效率的加热设备来实现节约用电

2.2.2 能效电厂项目的运作模式及组织模式

1. 能效电厂项目的运作模式

能效电厂的实施运作模式根据能效电厂融资方式的不同分为四种模式。

（1）资金来源于电费附加。

该模式以电力公司作为实施主体，应用科学的能源规划或综合资源规划方法为用户安装或更新高效节能设备，并通过在参与用户的电费中增加一定比例的费用作为用户使用"节省的电力"的费用，参与用户的"节能费"由电网企业按照终端销售电价水平收取，数量以能效项目通过计量与核查程序得到的节约电量数或最初的节能项目贷款金额为依据。电网企业再将所收电费中的"节能费"部分以购买能效电厂等价电量的形式，以能效电厂节约电量的费用标准或购买发电企业上网电价的费用标准返还给能效电厂，能效电厂则用该项资金、政府项目补贴和清洁发展机制（Clean Development Mechanism，CDM）收入偿还项目建设贷款，同时留存部分合理利润[30]。其流程如图 2.1 所示。

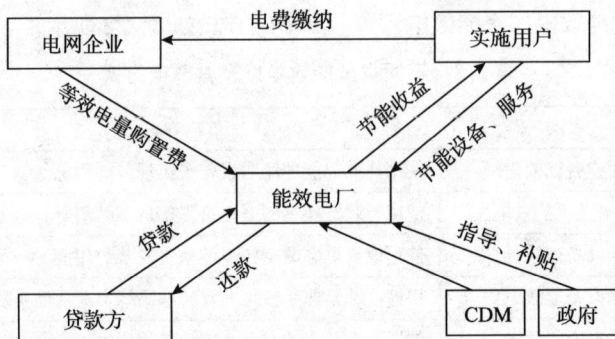

图 2.1　模式 1

（2）资金来源于系统效益收费。

能效电厂首先通过从商业银行融资等方式获得初始资金，利用此项资金，经与用户协商，为用户安装或更新节能设备，但与模式 1 不同的是电网企业不向实施用户征收节电费用，而是通过在电费中征收类似"系统效益收费"的模式，由本地区的所有电力用户承担。系统效益收费是国际上为需求侧管理和可再生能源项目发展而设立的一种融资机制，它是按一定比例附加于所有电力用户电价上的费用，一般按照终端电价的 1%～3% 收取。这种收费模式有以下优点：①要求所有电力用户交纳电力附加费的集资方式，符合"谁污染谁付费"的原则，体现其公平性，易为公众理解和接受；②按照电表读数加收很少的附加费，可以利用现有的收费程序，操作上简单易行；③这种方式资金来源有较好的稳定性和持续性。电网企业将用户交纳的系统效益收费的大部分以购买能效电厂等价电量的形式返还给能效电厂，能效电厂则用该项资金以及政府补贴和 CDM 收入进行还款，同时留存部分利润。模式 2 与模式 1 之间的差别是电厂项目成本回收主体不同[30]。其流程如图 2.2 所示。

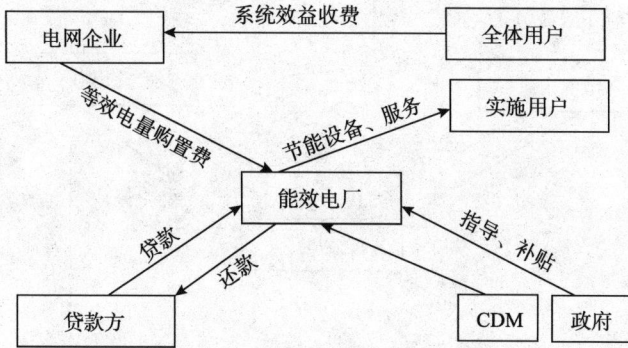

图 2.2　模式 2

（3）资金来源于政府。

在规划过程中对节能部分进行分析，节能投资水平由政府决定。电网公司的作用不显著，偿付资金的来源为政府提供用于资助节能的资金[31]。其流程如图 2.3 所示，虚线表示电网企业可以向用户部分收取或者全部免除其节约电量费用。

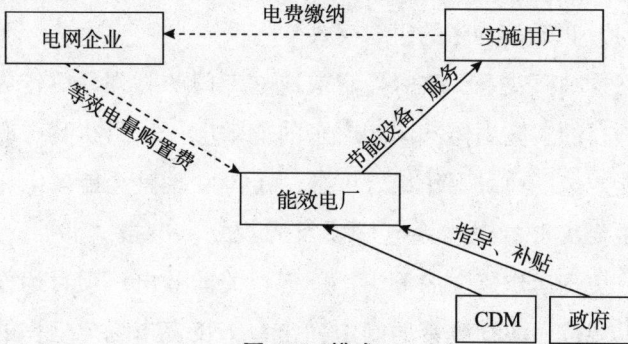

图 2.3　模式 3

（4）资金来源于节能企业或用户。

在这种模式下，能效电厂的成本直接由节能企业和参与用户承担，参与者可以选择通过向电力公司支付节能费用的方式日后分期偿付，为了彰显公平透明的原则，该过程可由政府指定机构进行监督。这种模式的规模主要由参与的消费者决定[32]。其流程如图 2.4 所示。

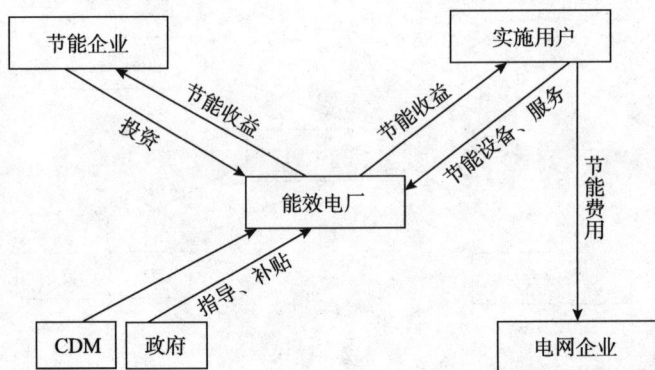

图 2.4　模式 4

2. 能效电厂的项目组织模式

能效电厂项目的运作模式要因地制宜，能效电厂项目的组织模式也要根据不同的条件采取不同的模式，根据组织主体的不同分为三种组织模式。

（1）以政府为主的组织模式。

在这种模式下，政府指定或成立专门的管理部门作为能效电厂项目的实施主体，例如广东的能效电厂项目执行中心或江苏的能效电厂项目工作组。该部门统筹管理整个能效电厂的运作，主要负责组织能效电厂项目的规划、申报、审批、监督、验收；负责运作资金的筹集；负责相关能效电厂项目运作管理办法、规范、激励政策的制定和出台；负责市场化运作的引导和能源服务市场培育；能效电厂及能效工作的宣传、培训和引导。电网企业是主要参与方，在能效电厂建设过程中发挥重要作用，一方面配合政府的项目管理部门开展能效项目，参与能效电厂项目的规划、审批、监督和验收；另一方面可以为有实施项目意愿的用户提供技术指导。能源服务公司通过竞标或者直接被指定进行项目实施，主要为用户提供相关的能源服务，如能效方案的设计、咨询、能效项目的改造等。第三方认证机构主要是在能效电厂验收阶段进行权威的节能效果的监测和认证。这种模式的优点有：①由政府部门统筹规划能效电厂项目，可以利用行政权力协调各职能部门，便于开展工作；②便于争取财政支持。缺点有：①政府部门工作人员缺少或没有专业知识背景，不熟悉节能方面的专业知识；②与电力客户接触机会较少，不了解电力客户的用电特点及用电设备[33]。其组织图如图 2.5 所示。

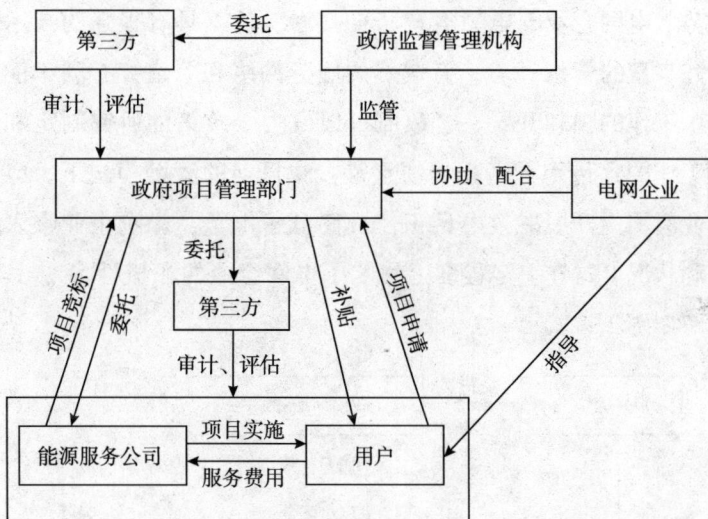

图 2.5　以政府为主的能效电厂项目组织图

（2）以电网企业为主的组织模式。

在这种模式下，政府主要职责是制定节能及能效电厂方面的法律、法规及政策，监管电网企业开展能效电厂建设的情况，从一个能效电厂的实施者转变为一个引导者和监管者，而且这种监管职能可以委托给第三方认证和监测机构。电网企业不再仅仅是简单的参与者，而是担任能效电厂项目的实施主体，接受政府的监管，负责向政府汇报能效电厂建设情况，申请政府资助资金；负责能效电厂项目的规划、申报、审批、监督、验收；负责运作资金的筹集；负责相关能效电厂项目运作管理办法、规范、激励政策的制定和出台；能效电厂及能效工作的宣传、培训和引导。能源服务公司可以为电网企业设计能效电厂实施方案，也可以为用户提供相关的能源服务，如能效方案的设计、咨询，能效项目的改造等。第三方认证机构帮助电网企业在能效电厂验收阶段进行权威的节能效果的监测和认证。这种模式的优点是：①充分发挥了电网企业行业背景和专业知识优势。电网企业与电力客户长期接触，员工具有很强的技术能力和丰富的管理经验，有成熟的服务网络和渠道，有利于能效电厂工作的顺利开展。②政府可以致力于政策的研究制定和节能工作的宣传引导。主要缺点是：在目前的激励模式下，电网企业会因为开展能效电厂工作而降低售电量，影响企业收入和盈利状况。这在一定程度上影响了电网企业的积极性[33]。其组织图如图 2.6 所示。

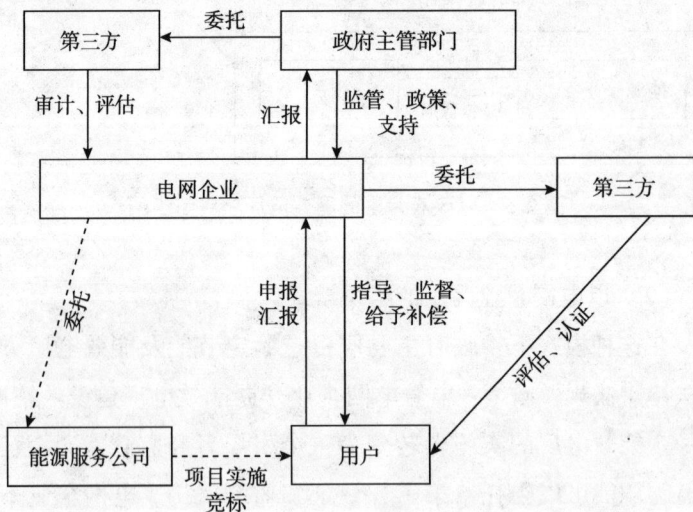

图 2.6 以电网企业为主的能效电厂项目组织图

（3）以节能服务企业为主的组织模式。

在这种模式下，政府的主要职责是制定节能及能效电厂方面的法律、法规，出台优惠政策，如税收、融资担保、贷款政策等；宣传引导社会参与节能工作；监管能效电厂项目实施。电网企业一方面可以参与组建节能服务公司，另一方面可以对节能服务公司及电力用户给予技术上的支持指导。能源服务公司是能效电厂建设的主要力量，与用户通过签订节能效益分享合同来保证各自的利益。这种模式是一种高度市场化的节能组织模式。在前期节能市场培育的基础上，能源服务公司有了很好的节能服务市场，可以充分发挥其在能源管理方面的专业优势，电网企业也可以通过提供技术指导或者组建能源服务公司来获取利润[33]。其组织图如图2.7所示。

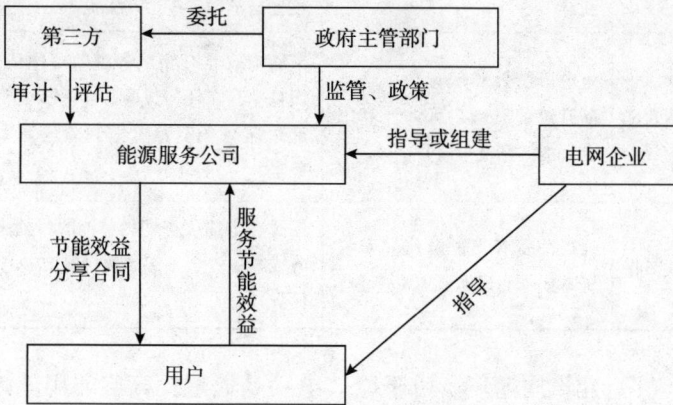

图2.7 以节能服务企业为主的能效电厂项目组织图

2.2.3 能效电厂和常规电厂、电力需求侧管理

1. 能效电厂与常规电厂的比较

能效电厂（EPP）与传统电厂（Conventional Power Plants, CPP）相比在实施流程上有明显差异，如表2.3所示，因此具有

以下优点[28]，如表 2.4 所示。

表 2.3　CPP 与 EPP 的实施流程比较[34]

项目	CPP 目前的流程	EPP 建议的流程
规划	根据相关政策和法律来筛选计划建造的发电厂	科学的规划流程可以确定 EPP 的节能项目具有最佳的类型、规模和地址
批准	由国家发改委负责	由国家发改委负责
融资	通过贷款、企业资金或其他资金来源筹措建设资金	通过贷款、政府资金支持或其他资金来源来筹措（包括折扣成本和激励成本）
建造	必须设计、定制主要部件，雇用经验丰富的承包商	必须以合理的成本实现所需要的节约，必须为一些项目制定高效的产品，必须雇用经验丰富的各类承包商
运营	运营成本因发电厂的类型而异	根据能效电厂不同类型项目的负荷特性参与电力系统生产模拟
绩效	发电厂绩效和运营是一项不断升级的风险。可以计算出电厂的实际发电量	节能绩效具有相当程度的可预估性，而且不存在任何风险。实际节电量可通过完善的测量方案和验证方案来确定
成本回收	通过消费者支付电费来回收资本成本和运营成本	通过在节能投资期内节能的付款来回收成本。资金来源因选择的 EPP 模式而异

（1）建设周期短。由于能效电厂是通过提高终端用能效率来减少用能设备的电力消耗的，而且建设期比实际电厂短很多，一旦节能改造完成即可产生节电效益。

（2）运营成本低，使用寿命长。经成功案例测算，能效电厂的单位节电成本仅为常规电厂单位发送配电成本的 1/3，而且能效电厂的使用寿命一般超过 10 年，建成投产后设备的运行维护成本也较低。

（3）节能环保。能效电厂既不占用土地资源，也不需要消耗燃料，不会排放二氧化碳、二氧化硫等污染物造成环境污染。

（4）能效电厂与常规电厂相比，还具有显著的经济效益、社会效益和环境效益。

表2.4 CPP与EPP的比较

参数	常规电厂	能效电厂
容量/万千瓦	30	30
每年生产/节约的电量/亿千瓦·时	15	15
燃料（煤）消耗/［克标准煤/（千瓦·时）］	340	0
二氧化碳排放/［克/（千瓦·时）］	940	0
二氧化硫排放/［克/（千瓦·时）］	4	0
平均发供电成本/［分/（千瓦·时）］	35～40	15

经济效益：按照能效电厂机组1千瓦装机容量投资0.55万元，电网1千瓦装机容量投资0.2万元计算，建成100万千瓦装机的能效电厂，可以在电厂装机及电网容量上节省75亿元的投资。此外，如果按照清洁发展机制（CDM）在国际交易市场上出售二氧化碳的排放权，就能把实施节能改造的相当一部分成本抵销。

社会效益：通过示范、引导和推广能效电厂市场化运作模式，全面提高广大企业节电、节能改造的积极性，增强全社会节电、节能意识，可以带动全社会主动参与节电技改项目的积极性，形成电力需求侧管理市场化长效机制，实现节约发展、清洁发展、安全发展和可持续发展，加快建设节约型社会、推动节能减排工作的开展。

环境效益：能效电厂不占用土地、零污染，与常规火电厂相比大大降低了燃煤发电排放的粉尘以及二氧化碳、二氧化硫等有害气体，能够有效减少大气污染，改善城市环境质量。

2. 电力需求侧管理的含义

电力需求侧管理（Power Demand Side Management，DSM），

指在政府法规和政策的支持下，采取有效的激励和引导措施以及适宜的运作方式，通过发电公司、电网公司、能源服务公司、社会中介组织、产品供应商、电力用户等共同协力，提高终端用电效率和改变用电方式，在满足同样用电功能的同时减少电量消耗和电力需求，达到节约资源和保护环境，实现社会效益最好、各方受益、最低成本能源服务所进行的管理活动。2010年11月国家颁布了《电力需求侧管理办法》，其中 DSM 的含义是：电力需求侧管理是指在通过改进用电模式来提高利用电力资源的效率，实现节约用电、科学用电、有序用电的相关活动。国外自20世纪70年代就已进入研究推行 DSM 的阶段了。DSM主要是指通过实行终端用户负荷式管理，使电负荷的使用平均化，提高综合资源规划及能源使用效率等[35]。

需求侧管理主要内容可概括为以下几个方面[36]。

（1）提高能效。通过一系列措施鼓励用户使用高效用电设备替代低效用电设备及改变用电习惯，在获得同样用电效果的情况下减少电力需求和电量消耗。

（2）负荷管理。负荷管理又可称为负荷整形。通过技术和经济措施激励用户调整其负荷曲线形状，有效地降低电力峰荷需求或增加电力低谷需求，提高电力系统的供电负荷率，从而提高供电企业的生产效益和供电可靠性。

（3）能源替代及余能回收。在成本效益分析的基础上如果用户的设备采取其他的能源形式比使用电能效益更好，则更换或新购使用其他能源形式的设备，这样减少使用的电力和电能也可看作需求侧管理的重要内容。

（4）分布式电源。用户出于可靠、经济和因地制宜考虑，装有各种自备电源，如电池储能逆变不间断电源（UPS）、柴油发电机、太阳能发电系统、风力发电、自备热电站等。将用户自备电源直接或间接纳入电力系统的统一调度，也可达到减少系统的电力和电量的目的。

2.2.4 国内外能效电厂项目发展现状

1. EPP 国外发展现状

20 世纪 70 年代的两次世界能源危机以及日益严重的环境压力使各国政府意识到，节约能源，提高能源使用效率，不仅是经济问题，而且更是关系到能源可持续发展的重大问题。因此促使终端用户以节能降耗为目标的能效电厂项目广泛开展，并在西方主要发达国家和部分发展中国家迅速风靡，且很多国家都取得了成功。

（1）美国。

美国是最早实行能效电厂的国家，取得了大量的研究成果。美国以加利福尼亚州、佛蒙特州和纽约州三个地区为代表，能效电厂市场运作机制完善，能效作用显著，分别代表了三种典型的运作模式。

加利福尼亚州（简称加州）是美国开展电力需求侧管理最早的州，对比开展电力需求侧管理前后，在保持人均用电量基本不变的情况下，整个州的 GDP 总量增长了三倍。在加利福尼亚州，能效电厂的规划和政策的制定是由公共事业监管委员会和加州能源委员会来负责的，能效电厂的实施主体是电力公司。如图 2.8 所示，开展能效电厂项目的资金来源于电费附加，由政府部门负责监管。电力公司实施能效电厂项目是通过与节能服务公司合作或者自行开拓市场来实现的。节能服务公司作为主要参与者，为具有节能潜力的用户开展能源审计（诊断），负责完成能效电厂项目运作实施的研究分析报告以及能效方案设计，并与用能单位共同分享节能补贴。作为主要参与者，节能用户可以同节能服务公司合作，也可以直接通过公众渠道参与能效项目，从节能补贴中受益。另外有些能效电厂项目还有重要的利益相关方或称第三方的参与，它是实施能效电厂不可或缺的部分，主要包括节能服务咨询公司和节能改造施工企业等[28]。

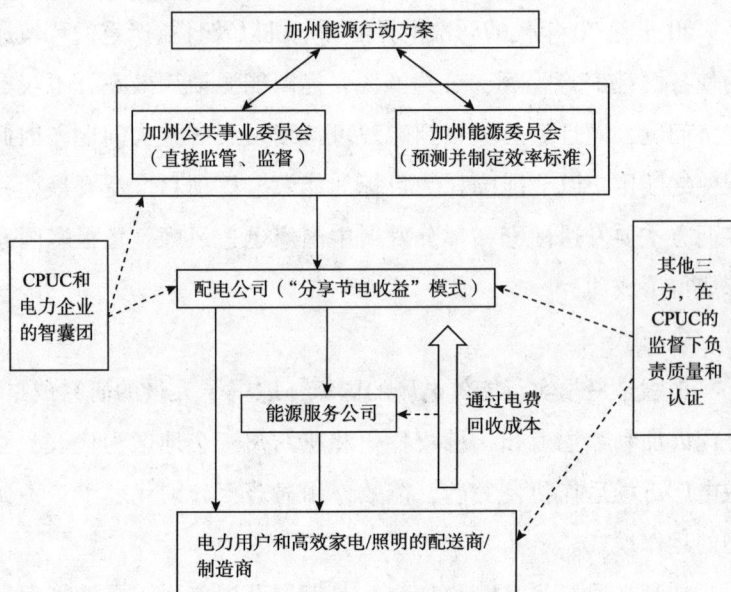

图2.8　美国加州电力公司管理项目模式

　　佛蒙特州（简称佛州）是最早提出能效电厂概念并付诸实施的州，采用系统效益收费模式，实现了在负荷增长减少约一半的情况下，投资收益仍旧良好的局面。佛州能效电厂的实施主体是佛蒙特能源效率中心，成立于2000年，对能效电厂项目主要起监督管理作用（见图2.9）。公共事业委员会负责能效项目实施规则的制定，筹划资金来源并对其进行管理，与节能服务公司共同合作来推动能效电厂项目的实施，电力公司不再是能效项目实施的主体，主要负责收取用户的电费附加并上缴公共事业委员会，同时向能效合同管理机构提供负荷管理信息。能源服务公司作为实施主体，负责从市场中挖掘有节能潜力的客户，通过与公共事业委员会签订节能服务合同来开展能效项目，并分享节能补贴。用能单位作为主要的参与方，与能源服务公司开展合作，或者直接通过公众化的途径来参与能效项目，并受益于补贴。第三方作为重要参与者，是项目实施中必不可少的部分，包括咨询公司、施工建设企业等[28]。

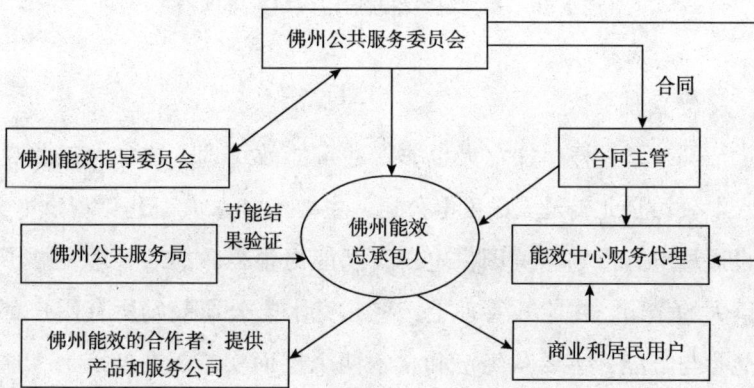

图 2.9　美国佛州独立第三方管理模式

　　纽约州主要由政府附属能源机构对能效项目进行设计、管理和实施。在纽约州，能效电厂项目的设计和管理由能源研究发展局（NYSERDA）负责，竞标成功的合约方负责实施项目（例如配电公司、节能服务公司等），如图 2.10 所示。纽约州公共事业委员会（PUC）负责监督 NYSERDA 工作开展情况，并以系统效益收费的形式设定能效项目基金，每年用于开展能效项目的总开支超过 2.25 亿美元。目前，为了消除能效电厂项目实施障碍，纽约州政府正考虑采用将电力公司销售量与其收入或利润脱钩等方法[28]。

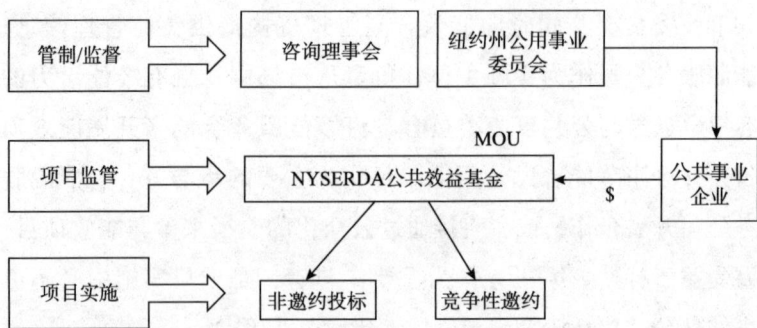

图 2.10　美国纽约州政府附属机构管理模式

（2）加拿大。

同美国一样，加拿大也非常注重能效管理。加拿大魁北克水电公司是北美最大的发电公司，主要给加拿大魁北克省供电，也通过电力市场向美国供电，营利能力很强，能效管理发挥了巨大的作用。在能效管理上，魁北克水电公司鼓励所有用户都能参与节能，主要从经济和技术两个层面实施。在经济上，通过峰谷电价、可中断电价等电价政策引导用户尽可能在低谷时段用电，合理避开高峰时段；在技术上，采用技术更先进的节电设备提高终端用电效率，从而节约电量、削减高峰负荷，对于具有技术潜力的节能项目，给予一定的补贴。实施能效管理不仅能够提高用电效率、减少电能总量消耗，还可以减少电力建设投资，提高社会资金利用率[32]。

（3）法国。

法国属于世界上能源匮乏的国家之一，在度过了 20 世纪 70 年代的能源危机之后，法国政府充分吸取经验教训，提出了将一次能源消耗量降到最低的目标，并在能效项目上积极付诸了实践。法国 DSM 项目采用了以政府为主导的运营模式。各参与主体中，政府主管部门作为主导者，主要负责制定相关政策法规、监管项目实施情况。电力公司是项目实施的主体，负责DSM 的市场开拓和项目管理。能源服务公司作为中介机构，为政府、电力公司和用户提供咨询和其他相关服务。用户作为项目的重要参与方，与电力公司、能源服务公司开展协同合作，共同开展能效工作[32]。

2.EPP 的国内发展现状

随着国内对节能减排工作的重视，能效电厂项目已被提出，并且部分省市已经开展了能效电厂项目。

（1）江苏省。

2004 年，江苏省在全国率先提出能效电厂的创意，两年后开始建设相关创意项目。江苏省经贸委在对能效电厂项目可行性进行科学、有效的分析之后，率先提出建设容量为 60 万千瓦的能效电厂[32]。2006 年，在江苏省经贸委的支持下，江苏省电力公司首先在包括冶金、机械、化工、建材等六大行业的 309家用电大户中实施了能效电厂的运作，通过对电动机、拖动类、调速和照明等设备的共计 660 个项目的技术改造和新型高能效设备，建成了 15 万千瓦的能效电厂。据统计，2006 年改造设备总功率 87 万千瓦，安装变频调速电动装置 15286 台，实现节约电力 8.4 万千瓦；更新电动机和拖动设备 16486 台，实现节约电力 4.5 万千瓦；改造照明设备 35 万只，实现节约电力 2.1 万千瓦。在 2006 年取得显著成效的基础上，2007—2008 年推广能效电厂成效显著。2006—2009 年江苏省共计实现能效电厂容量 60万千瓦，提前完成"十一五"期间目标。2010 年江苏省计划完成"能效电厂"项目建设 190 个，可形成节电能力 15 万千瓦，年节电 6 亿多千瓦·时，折合节约标煤 21 万吨，减少二氧化硫排放约 4000 吨[36]。

（2）广东省。

广东省于 2006 年确定作为能效电厂试点省份，2008 年国家正式批准能效电厂项目。项目分三批完成，共使用亚行贷款 1 亿美元，总投资额为 14.3 亿元，主要集中在电机系统优化、能源系统优化、余热余压利用等领域。第一批项目于 2009 年 1 月生效，项目预计年节电量 2.56 亿千瓦·时；第二批项目于 2010 年 5 月生效，项目预计年节电量 0.87 亿千瓦·时；第三批项目于 2012 年 3 月生效，项目预计年节电量 4.64 亿千瓦·时。截至 2013 年 8 月，在第三批能效电厂项目未建设完成的情况下，能效项目的年节电量达到 9.8 亿千瓦·时，相当于免建 196 兆瓦的电厂。前两批项目的实际减排量比预期值的两倍还多，这说明能效电厂在节能减排、提高能源效率方面有着巨大的潜力[32]。

（3）河北省。

河北省能效电厂项目建设规模约为 60 万千瓦。2010 年年底建设完成 10 万千瓦，2011 年、2012 年每年建设完成 15 万千瓦，截至 2013 年 9 月，共征集了 118 个项目，已初步选定 28 个能效电厂项目，项目完成后可形成年节约电量 12 亿千瓦·时、节约电力 20 万千瓦·时。能效电厂建设以项目单位为主体，以市场优势为依托，主要由能源服务公司具体实施，完全按照商业运作模式开展。据测算，河北省能效电厂建设所筛选确定的项目建设完成后，将拥有年节电约 30 亿千瓦·时的能力，可减少 30 亿元新建电厂的投资。

2.2.5　能效电厂项目实施的意义

实施能效电厂项目，无论是从政府角度、社会角度、电网企业角度、电力用户角度分析，都具有重要意义[35]。

（1）从政府角度分析，实施 EPP，一方面能推动高效设备的使用，加大能效设备需求量，直接降低单位 GDP 能源消耗、拉动 GDP 的增长；另一方面使电力资源合理配给，推动经济协调可持续发展。

（2）从社会角度来看，推行 EPP 使电力需求减少，伴随着污染排放和一次自然能源消耗的减少，环境紧张局面得以缓解；另外，还可减少社会资源的注入。

（3）从电网企业角度分析，实行 EPP 项目一方面减轻高峰时段用电负荷对电网造成的压力，提升供电系统服务水平和可靠性；另一方面在电力供应紧张的形势下，可以使电网设备的使用率大大提高，缓解紧张压力，保证电网运行环境经济安全，减缓电网新一轮投资建设。

（4）从电力用户角度分析，实施 EPP 可使单个用户电力消耗降低，电费支出会减少；企业电力消耗降低，经营成本会降低，产品会更具竞争力。

目前除了我国外，已有 30 多个国家实施了 EPP，并取得了显著成效。

2.3 倒逼机制

2.3.1 倒逼机制的概念

倒逼机制最早源于金融学的货币供给。所谓的"倒逼机制"，其源头在国有企业。由于国有企业的预算约束软化状况同传统计划体制下相比并没有得到根本改观，因此，它们总是和地方政府的行政力量相融合，在货币资金获取上向国有银行不断施加压力，国有银行在对国有企业实行所谓倾斜政策的大背景下，通常总是要在一定程度上对国有企业的借款要求让步。

当这种现象普遍化时，就会出现这样的结果：国有企业向国有银行的基层行施加压力，突破了基层银行的信贷配额防线，国有银行的基层行又层层向自己的上级行乃至总行提出扩张要求，迫使总行增加额度甚至资金，各国有银行总行最后又向中央银行申请再贷款，迫使中央银行不得不扩张规模。这种起源于国有企业借款要求的自下而上的货币供给扩张过程，就是所谓信贷的"倒逼机制"。

从本质上说，货币供给的"倒逼机制"是一种体制现象，同时，它也是对自上而下的指令性规模管理手段的一种变相对抗，但无论如何，从经济效果上说，"倒逼机制"也成了中央银行货币政策贯彻中的不确定因素之一。随着改革的发展，对国有商业银行实行全额资产负债比例管理逐步取代了这种严格的信贷配额控制，这似乎是一种必然趋势，但在实践工作中，有一些基础性问题仍亟待得到真正的解决，如国有企业的产权制度、行为方式的彻底改善，使国有四大商业银行成为真正意义上的商业银行等。

最初被使用在货币供给范畴内的"倒逼机制"，因其用语本身的形象性，被用于当今许多描述低端企业退出、转向高价值链时所使用的类似激励机制的经济解读，例如，"民工荒"倒逼企业转变经济增长方式、人类文明自我毁灭与自我升级的倒逼机制已经形成、贸易摩擦"倒逼"不出"平衡"格局等的语词里，"倒逼"或者"倒逼机制"已经成为激励企业经济发展的措施和手段。

2.3.2 倒逼机制的内涵

"倒逼机制"形成的社会根源是社会财富再分配的严重失衡[37]。在逻辑学里，逆推属于求解动态博弈均衡的方法，是指博弈参与人的行动存在着先后次序，并且后行动的参与人能够观察到前面的行动。作为完全归纳法，核心意思就是"向前展望，向后推理"，即首先仔细思考自己的决策可能引起的所有后续反应，并逐步倒推，以找出最优选择。由此我们可以这样认定，所谓的"倒逼机制"在社会学领域即是一种有效逆推的社会法则，是对社会危机进行的战略性调整思路，从而构成企业与国家兴起并转型的历史新契机。

"倒逼机制"虽然现在还未真正在我国的体制机制中沉潜下来，但因其综合了逻辑思维的多元推理法则，在一定程度上还糅合了潜意识、想象等非逻辑的直觉知觉，在一些领域已使社会在信息不对称的时候获得了局部策略的优化，也改变了社会学家破解社会问题的传统方法。

2.3.3　倒逼机制的特征

就实践层面而言，"倒逼机制"可视作逻辑推理的特殊形式，属于创造性假说，即由必然性逆推引向或然性可能，设计社会实践的相近性结果，而最终的历史事实就是验证是否形成"质的飞跃"的思想实验的成败。由此我们可以发现"倒逼机制"从逻辑学角度看，具有这样两个特征：

一是具体危机的技术处置方式，表现为节点预测和技术假说的过程推理。也就是在阶段性的社会现状面前，作为时间的一个特定节点逆推这个节点之前的每一步可能优化的状态，在让时光"倒流"的思维假想中，设计和判断更符合人自身需求的过程。在电影艺术中，类似的手法十分司空见惯，例如在《纳尼亚传奇》中的纳尼亚魔法世界里，电影利用时间倒错和停滞的假想，让因果报应的人类鸿蒙思考变成影像中的真实。电影的虚化和电影导演对电影的虚拟处置，让人们感觉在现实危机面前，人类永远具有优势，当然前提条件是假设时间节点的设计策略是一个相对稳定的参照节点。

二是倒逼机制不寻求严谨严密，侧重于阶段性考察的决策推理。例如关于现今我国的"民工荒"问题，专家就一针见血地指出传统发展方式是问题的根源，即重国际市场、轻国内需求，重低成本优势、轻自主创新能力，重物质投入、轻资源环境，重财富增长、轻社会福利水平提高，由此形成我国现代化抉择中的风险之路、负重之路、低端之路、物本之路。提高用工薪金的现实路径，表面上看是企事业成本的提高，其实是社会人力资源价值的人性回归，这也是中国作为"世界工厂"正骤然转变的推动力，而且这些变化在产品生产链中已经开始朝着设计和管理的升级领域发展，虽然未来的经济顶层走向还很难确定。

哈佛大学曾对一群智力、学历、环境等客观条件都差不多的年轻人，做过一个长达25年的跟踪调查，调查内容为目标对人生的影响。结果发现，25年后，这些调查对象的生活状况是大多数人并没有成功，真正能完成自己计划的人只有3%，原因是大多数人或是舍弃目标，或是沉湎空想。从有限的考察阶段看，倒逼存在着一个以或然率目标为条件的实践过程，也就是倒逼不是推向必然的结果，不是论证真相世界的唯一逻辑过程，不是为了构成几何学式的严谨的形式理性。

因此，倒逼机制是有效的决策方式之一，是评估生活世界的主观性真实推理的方式。

2.3.4 倒逼机制的实践和应用

1. 倒逼机制的实践

倒逼机制不是某个事件在规划时就划定好关于该事件必须

设置某个环节的倒逼，也不是简单的对事件的风险防范，相反是缘于实践中所冒出的问题的应急或常态化的处置方式。例如，今天谈到倒逼机制，诸多社会问题的研究者自然会引出"倒逼"或"倒逼机制"这样的话语来。倒逼机制的实践形态意味着社会事件是动态流动的形态，始终处于实践的矛盾状态中。因此，倒逼在推理形式上不是结构上的某个固定表象，不是静态分析的逻辑结果，而是具有时间上"紧迫性"的进行时态中的实践形态，换言之，倒逼是面对当下才有意义的倒逼，是对社会问题做出的及时反应，是以现时的眼光解决现实问题，而不是关照以前的甚或古代的问题。由此而言，人们以"倒逼机制"这样的特殊实践形态，在驾驭逻辑推理时实现了理论联系实际的螺旋思维目的。

倒逼机制的实践形态有两种表象。一种是有效的倒逼，可以使问题得到克服，对事件的实践表现为更积极有效。有这样一个例子，说的是1879年爱迪生发明了白炽灯，为人类的夜晚带来了光明，但白炽灯有明显的不足之处，那就是电能只有10%～20%被利用，其他的能量都通过热传导的方式浪费了。美国通用电子公司的研究人员伊曼，在1938年突破了启动装置的设计与制作大关，制作了荧光灯。这种荧光灯比白炽灯更亮，且电能利用率高、省电，人们还因此誉它为日光灯。

另一种是狭隘的倒逼，表现更多的是对不成问题的问题的否定。如有一位网友在自己的博客上写道："多年来我都是个循规蹈矩的孩子。循规蹈矩又意味着什么呢？意味着听话、守旧、克己、让人有安全感、不够聪明、没有创新、不会给人以惊喜，但是在家会是个好孩子，在学校会是个好学生，在单位会是个好员工……说到这里我多少有些绝望，但又有点不甘心。"显然在这位网友身上，我们只看到一个"小我"的内核，参照的是世俗镜像下的明星荧荧的夸诞生活，而这样思维下的倒逼会是怎样的实践形态呢？显然忽视了人与社会的关系，在着眼于对自己当下情景的评估中全盘否定自己，剑走偏锋，让人感觉这位网友似乎在扔弃良善，似乎要走上"坏人是由好变坏"的预设道路。可见倒逼机制作为对问题的探究和解决路径，需要日后可以正确检验的普遍标准，在实践过程中必须得到全面而公允的对待。

2. 倒逼机制的应用

（1）倒逼机制促进企业创新。

首先，倒逼机制能够利用经济利益使企业自身主动改变或强制被动调整。企业是追求市场利益的经济主体，获取利润是企业进行市场活动的根本性目的，所以说正确的倒逼机制不能违反这点，而事实上倒逼机制正是利用这点来促使企业改变。

其次，倒逼机制的方向是从外到内的。政府的倒逼机制往往利用现有的经济形势，"逼迫"某些产业创新，在符合市场经济的前提下将市场的外在要求转换成企业必须创新的内在压力，无法适应的企业将被淘汰，而转型成功的企业将能获得更好的市场竞争力与面对更大的市场需求。

最后，政府的倒逼机制其实是反向运作的。和行政命令相比，倒逼机制从底部影响企业，敦促企业转变。有效的倒逼机制是通过对经济规律和市场秩序的成功运用来实现的。

（2）倒逼机制促进环境保护和产业升级。

环境倒逼机制有利于淘汰落后产能，为高新产业腾出发展空间；环境的倒逼机制有利于改造和提升传统产业；环境的倒逼机制有利于发展新兴产业，突破关键技术，延长产业链，打造产业聚集区[38]。

① 环境倒逼机制有利于加快淘汰落后产能。

环境污染的重要原因之一是落后产能。特别是比较落后的资源加工型中小企业，污染排放长期超标，对生态环境造成很大的伤害。如果不对这些企业加以严格控制，加快淘汰的步伐，就很难杜绝环境污染事件的发生。因此，应充分运用环境倒逼机制，淘汰落后产能，为高新产业腾出发展空间。

② 环境倒逼机制有利于改造和提升传统产业。

调整优化产业结构的重点是改造升级传统产业。一些产业具有高污染、高耗能等特征，是国家重点控制的行业。所以这就要加大技术改造力度，改进新型生产工艺，发展绿色经济，推广清洁生产，提高产品精深加工水平和资源的综合利用，大力推进产业发展，通过环境倒逼机制推动传统产业的发展。

③ 环境倒逼机制有利于发展新兴产业。

新兴产业具有高技术含量、高收益等特点，是无污染或少污染的产业，也是推动产业转型升级的重要方向。现在，新一轮的产业革命正扑面而来，世界各国都正在抢占新兴产业竞争的制高点。这样不仅可带来巨大的经济效益，而且生态环境能够得到保护，具有很大的发展潜力。

（3）倒逼机制促进城市化和工业化。

当前我国城市化和工业化所面临的约束既是挑战也是机遇，从机遇看，倒逼机制将迫使发展转型。目前，影响工业发展的要素主要包括环境资源、能源资源、土地资源及水资源等。倒逼机制是建立在资源瓶颈约束之下的，不论是新型城镇化还是工业化都需要新的资源使用方式，都会对其产生积极影响。

（4）倒逼机制推进地方高校与就业市场的适配性。

近年来，出现了高校大学生毕业即失业的现象。虽说大学生就业难与高校扩招之间没有直接的因果关系，但扩招加剧毕业生就业市场上供需不平衡的矛盾却是不争的事实。随着市场经济体制的建立，高校毕业分配开始了以市场为导向的自主择业，大学生的就业政策与市场经济发展密切相关。而创业教育是 20 世纪 80 年代以来世界高等教育发展的大趋势，也是我国当前推进高等教育大众化进程的必由之路。但长期以来，社会和家庭都缺乏对大学生创新精神与创业意识的培养教育，使大学生创业意识普遍薄弱。现阶段"就业难"已是不可回避的话题，而创业则可为大学生就业开辟一个新选择。面对就业形势的变化，大学生就业观念要从过去工作岗位的承担者向工作岗位的创造者转变。但从现状来看，绝大部分大学毕业生仍旧选择传统的就业渠道。据统计，2007 年我国大学毕业生直接自主创业者仅占全部毕业生的 0.26% 。而美国大学生自主创业的比例约占毕业生人数的 20%～30%，创业型就业已成为美国大学生就业的重要组成部分。中美两国大学生之所以形成鲜明反差，主要原因是缺乏创业教育和创业技能培训。根据以上情况，地方高校要切实提高创业教育观念，及时把握创业教育时机，有效地更新创业教育水平。必须根据自身的特点和优势，选择合适的发展路径，创设富有中国特色的创业教育模式。正如专家所言，创业教育是对传统教育模式的挑战和颠覆。创业教育需要一个良好的政策环境。政府对创业教育的支持和引导是极为重要的，它可以为创业教育的开展创造一个有益的支持环境，根据项目可行性投入一定比例的创业教育资金，将极大地激发大学生的创业热情和创业潜能。近年来，地方高校创业教育取得了一定的成效。各高校积极组织就业创业专家报告团赴校进行专题报告。专家现场为学生提供就业创业政策咨询服务，与学生开展面对面交流，解答就业创业各种疑难问题。并相继推出了各项创业创新政策，形成了一个良好的创业创新教育支持环境。同时，也反映出地方政府对高校在人才培养上重视与市场需求相结合，重视与就业市场的适配性。就业是民生之本，创业是发展之本。随着经济全球化的不断深入，中国正面临着难得的创业契机，整个社会与经济发展迫切需要开展创业教育。在 10 多年的高校创业教育的基础上，地方高校日益重视对创业教育的支持和创业环境的营造。根据未来创业社会的需要及创业教育的发展目标来看，地方高校必须重视开展有效创业教育途径，推动大学生从低端创业向高端科技创业转变，尽早实现知识、科技发展与经济增长的对接。

2.4 情景分析法

2.4.1 情景分析的产生背景及发展

情景分析法是预测工具中的一种，产生于 20 世纪 40 年代。第二次世界大战后，由于各种突发事件带来了社会、经济系统的结构性变革，纯粹基于历史数据基础上的定量的统计预测在揭示较远的未来前景并帮助确定长远发展战略时，已日益显示出其局限性。在这种背景下，情景分析法作为一种分析未来的方法，价值很快被认可，受到多方的重视，并作为一种战略规划方法被不断发展[39]。情景分析法最早适用于军事研究，美国兰德公司的分析员对核武器可能被敌对国家利用的各种情形加以描述，这是情景分析法的最早应用。其后兰德公司在为美国国防部就导弹防御计划做咨询时进一步发展了该方法。进入 20 世纪 70 年代之后，随着石油危机的冲击，西方世界急剧的通货膨胀、高失业率和各种社会、经济环境变得更加动荡而不确定，未来的前景也显得更加扑朔迷离。1972 年，壳牌石油（SHELL）

公司的规划人员 Pierre Wack 在壳牌公司伦敦办公室中领导一个名为"团体规划"（Group Planning）的研究小组，运用情景分析法分析了中东局势，得出将爆发石油危机的结论，但当时并未引起有关人员的重视，而皇家荷兰壳牌在公司调整战略中由于应用了情景规划结果而及时、成功地应对了 20 世纪 70 年代的石油危机。壳牌经验使情景分析法的实用性开始受到欧美政府与跨国企业的重视，也使情景分析法成为商业领域颇受欢迎的一种战略分析工具[39]。

在过去的几十年里，情景分析法迅速由壳牌扩展到其他组织和机构，并发展出许多情景分析方法。在美国、欧洲等地，逐步出现一些知名度较高的情景分析方法。Ringland 归纳了一些知名的情景分析方法[40]：斯坦福研究（Stanford Research Institute，SRI）的"基于情景战略发展"（Scenario – Based Strategy Development）方法、巴特尔研究所（Battelle Institute）的"BASICS"及"IFS（Interactive Future Simulations）"方法、美国南加州大学（University of South California）的"INTERAX"（Interactive Cross – Impact Simulation）方法、哥本哈根未来研究学院（Copenhagen Institute for Future Studies）的"未来游戏"（Futures game）方法、欧洲委员会（European Commission）的"塑造有型角色"（Shaping Factors – Shaping Actors）方法、未来集团（Futures Group）的"基本规划方法"（Fundamental Planning Method）、东北咨询资源（Northeast Consulting Resources）的"未来图方法"（Future Mapping Method），以及法国学派的"Godet Approach：MICMAC"方法、法国人 Duperrin 和 Gabus 发展的 SMIC（Cross Impact Systems and Matrices 的法国缩写）方法。

情景分析在发展过程中，在理论研究方面逐步形成三个主要学派：以美国为中心发展的直觉逻辑学派（Intuitive Logics）和概率修正趋势学派（The Probabilistic Modified Trends，PMT），以及以法国为中心发展的是远景学派（La Prospective）。其中，概率修正趋势学派又分为趋势影响分析（Trend Impact Analysis，TIA）和交叉影响分析（Cross Impact Analysis，CIA）两种[39]。

2.4.2 情景分析法的概念

1. 情景分析法的定义及分类方法

情景分析法，又称情景描述法或脚本法，是在推测的基础上，对可能的未来情景加以描述，同时将一些有关联的单独预测集成一个总体的综合预测，情景分析的整个过程是通过对环境的研究，识别影响研究主体或主体发展的外部因素，模拟外部因素可能发生的多种交叉情景，分析和预测各种可能情景[41]。

"情景"（Scenario）最早出现于 1967 年 Herman Kahn 和 Wiener 合著的《2000 年》一书中。他们认为：未来是多样的，几种潜在的结果都有可能在未来实现；通向这种或那种未来结果的途径也不是唯一的，对可能出现的未来以及实现这种未来的途径的描述构成一个情景。"情景"就是对未来情形以及能使事态由初始状态向未来状态发展的一系列事实的描述[42]。情景分析法是由美国 SHELL 公司的科研人员 Pierr Wark 于 1972 年提出的，是根据发展趋势的多样性，通过对系统内外相关问题的系统分析，设计出多种可能的未来前景，然后用类似于撰写电影剧本的手法，对系统发展态势做出自始至终的情景与画面的描述。

情景分析法根据不同的分类标准有不同的分类方法。综合来看，情景分析分类方法主要包括以下几种：定性与定量情景分析分类法；演绎情景与归纳情景分析分类法；前推式情景与回溯式情景分析分类法；预测性、探究性与预期性情景分析分类法；描述式情景与规范式情景分析分类法；按时间情景分析分类法；以制定部门的地位来分类；按情景分析研究的主体分类；按情景分析过程分类等[43]。

2. 情景分析法与传统预测方法

情景分析法从广义上来讲也是一种预测方法，但是它却与传统的预测方法不同，它是对未来各种不确定现象的描述。情景介于预测和猜测之间，预测是根据现在已知的对未来某种情况的确定，多是属于线性的比较稳定的状况。而情景往往是多种可能的方案（见图 2.11）。构建情景也不是猜测，而是基于多种定性或定量的方法进行描述，并通过模型等工具进行敏感性分析，当然，也应用到多种预测方法。

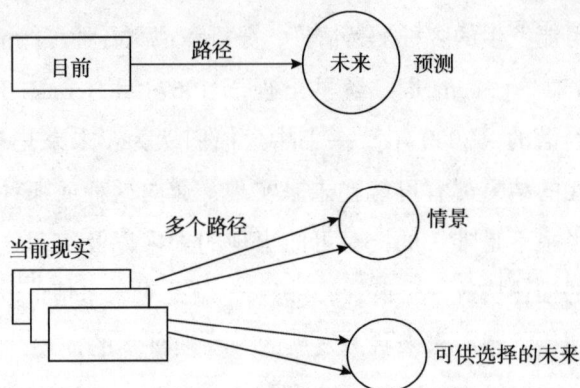

图 2.11 情景与传统预测方法的区别

传统预测方法往往假定未来的发展结果是唯一的，并根据近年的发展情况进行趋势外推，得出关于未来发展状况的预测。传统的外推式的预测方法以及在此基础上建立的各种长远规划，适用于相对稳定的环境或不确定性较低的环境。但当不确定性较高时，预测的作用就被大打折扣。情景分析则恰恰相反，它是基于未来发展的不确定性，对未来的发展做出多种可选择的描述，这不同于预测技术的"过去—现在—未来"的趋势外推思想。采用情景分析的目的不是预测未来到底是哪种情景，也不是为未来的各种情景的出现概率赋值，而是通过多种情景将未来环境的发展变化演示出来，利用情景提供的关于未来的信息，深刻理解不确定性并为之做好准备，以便在未来从容应对[43]。

2.4.3 情景分析法的特点

宗蓓华教授在总结国外相关的研究成果后，认为情景分析方法有其本质特点[44]：

（1）承认未来的发展是多样化的，有多种可能发展的趋势，其预测结果也将是多维的。

（2）承认人在未来发展中的"能动作用"，把分析未来发展中决策者的群体意图和愿望作为情景分析中的一个重要方面，并在情景分析过程中与决策人之间保持畅通的信息交流。

（3）在情景分析中，特别注意对组织发展起重要作用的关键因素和协调一致性关系的分析。

（4）情景分析中的定量分析与传统趋势外推型的定量分析的区别在于：其在定量分析中嵌入了大量的定性分析，以指导定量分析的进行，所以是一种融定性与定量分析于一体的新预测方法。

（5）情景分析是一种对未来研究的思维方法，其所使用的技术方法手段大都来源于其他相关学科，重点在于如何有效获取和处理专家的经验知识，这使得其具有心理学、未来学和统计学等学科的特征。

2.4.4 情景分析法的应用

20世纪70年代之前，情景分析方法主要用在公共政策规划及分析中，很少应用在企业中。直到壳牌石油把情景分析法应用到企业战略规划中，情景分析法的应用范围才逐步扩展到企业等多个领域。近年来，情景分析法被广泛应用到从政治决策到商业规划，从全球环境评估到地区社区管理等的多个领域。

（1）企业管理领域。①情景分析法是企业管理战略指定的工具。如把情景分析法用于企业发展危机预测当中[45]：情景分析法与企业危机动态性有一个共同的基础，那就是未来的不确定性。情景分析法可以对影响企业危机发展的各种关键因素未来变化进行估计，然后根据这些估计设计出若干危机情景，并对每一种危机情景中存在的机会和威胁进行分析和说明。因此，情景分析法可以有效地处理企业危机发展中的不确定性问题。不管企业危机将来发展到哪一条道路，企业都可以有所准备，从而掌握危机处理的主动权，是企业运筹帷幄、避免危机、逐鹿市场的有效工具。②情景分析法作为一种激励手段，可用于人力资源管理调动员工的积极性与创造性。

（2）经济评价与预测领域在情景分析用作一种评估与预测思想时，是其他学科的理论和方法的综合集成。因此，多数进行经济评价与预测的研究者，通常选择某种定量分析工具，对一些指标进行量化评估，再借助定量工具得出不同情景下的发展状况，然后对这些结果进行比较、分析，提出相应的措施与建议。国内外运用情景分析进行经济评估与预测的研究非常多，主要有[46]：①能源预测领域。以江阴市为例，根据实际情况和历史经验，大胆猜测与分析影响未来能源需求和碳排放的各种因素，对各种情景进行合理设置，对江阴市2011—2020年能源需求与碳排放进行预测[47]。再如使用情景分析法来预测我国2020年的铜资源需求[48]。设定了"高情景""中情景""低情景"三种情景。然后根据这三种情景使用建立好的模型，分别得出在这三种情景下的铜资源的需求量，以此来给出合理建议。②节能减排领域。使用情景分析法来预测城市节能减排的政策[49]。以北京市为例，分别建立"基准情景""政策情景""低碳情景"三种情景，分别对三个情景进行设定，再结合LEAP模型来预测若干年后的三种情景的节能状况，以及各用能排放单位在节能减排中发挥的作用，以为未来能源发展和建设低碳城市提供重要的定量化依据。煤炭行业节能减排对情景分析法的应用[50]：根据整个社会经济发展趋势及煤炭行业的发展现状，并且参考国外发达国家煤炭行业的耗能演变状况，设置了"基本情景"和"发展情景"两个情景，分别对两个情景进行设定，然后依据这两个情景使用相关模型计算出节能减排的状况，据此提出相应的对策。电厂减排的情景分析法应用[41]：根据综合分析建立电力"负荷情景"和"减排技术情景"，分别对两个情景进行设定，然后预测出结果，进行分析总结。③交通规划领域。情景分析法在交通规划领域的应用[51]：运用情景分析法，综合考虑影响交通发展的五个主要因素，结合专家群体的知识与主要数据、各种信息与计算机技术以及数学模型和决策者的经验智慧，依次得到关键数据的初始概率、模拟概率，并由此推算出情景概率，最终得到最有可能发生的情景方案。通过情景分析得到的情景方案可以作为优化交通预测结果的依据。情景分析法对西部公路建设规模进行测算分析的应用[52]：从与公路建设规模紧密相关的社会经济、运输需求和政策措施三个方面着手，确定情景分析目标，界定构筑目标情景的主要社会经济目标范围，对目标情景进行定性描述，量化与情景相对应的社会经济活动指标，描述各种未来情景条件下各不确定因素的变化状况受主要不确定因素影响的关键事件的可能性概率以及达到这些状态可能采取的政策措施等，测算了不同情景发生所对应的公路建设规模及其敏感性。④医疗领域。情景分析法对先看病后付钱的政策研究[53]：运用史密斯模型，确定影响政策发展的六个关键事件，然后使用情景分析法构建"悲观情景""无突变情景""乐观情景"。然后将六个关键事件设定放在三个情景下，对关键事件进行分析，发现问题，相关部门进行政策优化。⑤气候变化领域[46]：英国 Met office 的 Hadley 研究中心开发出来的"地区气候变化模拟系统"是气候变化情景分析的典型代表。使用时，研究人员首先输入地区范围、时间、情景设置等变量，然后由计算机利用已经开发好的定量分析模型，对各种情景进行模拟，最后，计算机以图形程序包的形式输出模拟结果。研究人员利用这些结果，对气候变化进行评判，提出相应对策，供决策者参考。

通过以上对情景分析方法的应用的总结，可以看出，情景分析方法的应用领域十分广泛，而且大多都会结合相关模型进行分析。目前，除了壳牌石油公司外，德国的 BASF 公司、奔驰公司以及美国的波音公司在制定公司发展战略规划时都会使用情景分析法。一些国家和政府也开始采用此方法，比如南非白人政府的种族隔离制度的和平变革，就是利用此方法推导出各种情况然后做出选择的结果。

2.5 节能减排的理论基础

节能减排的内涵是节约能源，减少能源的消耗，降低和减少污染物的排放。与之相关的理论有很多，包括可持续发展理论、清洁生产理论、环境库兹涅茨曲线理论、循环经济理论、低碳经济理论、生态文明理论等一系列理论，为节能减排创新思路的研究提供了有利的理论基础。

2.5.1 可持续发展理论

"可持续发展"（Sustainable Development）一词最早出现在1950年发表的《世界自然资源保护大纲》中，1972年在斯德哥尔摩举行的联合国人类环境研讨会上被正式讨论。中共中央第十六届三中全会上通过的《中共中央关于完善社会主义市场经济体制若干问题的决定》中明确指出："坚持以人为本，树立全面、协调、可持续的发展观，促进经济、社会和人的全面发展。"可持续发展观为科学发展观的基本内容之一。

在1987年由世界环境及发展委员会所发表的布伦特兰报告书中对可持续发展有如下定义：可持续发展是既满足当代人的需求，又不对后代人满足其需求的能力构成危害的发展。它们是一个密不可分的系统，既要达到发展经济的目的，又要保护好人类赖以生存的大气、淡水、海洋、土地和森林等自然资源和环境，使子孙后代能够永续发展和安居乐业。

可持续发展与保护环境既有联系又有许多不同。可持续发展的核心是发展，但是在保护环境、满足当下需要、资源持续利用的前提下的社会和经济的发展。环境保护是过多地强调对现有环境的保护，是希望任何生态环境不被破坏，它一般是指人类为解决现实或潜在的环境问题，协调人类与环境的关系，保护人类的生存环境、保障经济和人的可持续发展而采取行动的总称。

可持续发展的内涵主要包括：经济的可持续发展、社会的可持续发展和生态的可持续发展三个方面。

1. 经济的可持续发展

可持续发展强调的是发展，不仅包括当下的发展也包括未来的发展。可持续发展是鼓励经济的发展而不是为了保护环境而停止或者放缓经济的发展。经济的增长不仅注重数量也要注重质量。要改变原有的高污染、高排放式的粗放式的经济发展，实现低污染、低排放式的经济发展。经济的可持续发展是解决社会矛盾、促进人们生活水平的提高、增强我国综合实力的有效手段。

2. 社会的可持续发展

可持续发展强调的是社会公平，只有保障社会的公平，才能有社会的稳定。尽管不同区域、不同时间可持续发展的目标有所不同，但可持续的本质是一切为了人民，为了改善人民的生活质量，为了保障人与人之间的和平共处、平等往来，为了人民享受应有的权利和义务。总之，社会的可持续发展才是可持续发展的目的。

3. 生态的可持续发展

可持续发展要求人与自然的可协调，要在生态环境可承受的基础上进行发展，对有限资源的索取要有限制，不能为了短期的利益而被迫过度消耗或者耗尽自然资源。生态的可持续性是可持续发展的前提，同时通过可持续发展来实现生态的可持续发展。

可持续发展的综合能力是我国综合实力的一部分，为了提高我国综合实力，实现可持续发展需要遵循以下原则[54]。

（1）协调发展的原则。

始终以经济建设为中心，坚持人与自然的和谐相处，促进经济、生态和社会的可持续发展。统筹规划，突出重点，分步实施，集中人力、物力、财力，选择重点领域和重点区域进行突破，在此基础上全面推进可持续发展战略的实施。

（2）科教创新的原则。

充分发挥科学技术是第一生产力，发挥教育的先导性、全局性和基础性作用。大力发展各类教育，促进可持续发展与科教兴国战略的紧密结合。

（3）政府调控的原则。

充分发挥政府、企业、公众和社会组织的积极性，政府要强化监管，加大投入，发挥主导作用，提供良好的政策环境和公共服务。

（4）市场调节的原则。

充分发挥市场的作用，调动相关各方的积极性。加强对外开放与国际合作，参与经济全球化，利用国际、国内两个市场和两种资源在更大空间范围内推进可持续发展。

2.5.2 清洁生产理论

清洁生产起源于 1960 年美国化学行业的污染预防审计。而"清洁生产"概念的出现，最早可追溯到 1976 年。当年欧共体在巴黎举行了"无废工艺和无废生产国际研讨会"，会上提出"消除造成污染的根源"的思想；1979 年 4 月欧共体理事会宣布推行清洁生产政策；1984 年、1985 年、1987 年欧共体环境事务委员会三次拨款支持建立清洁生产示范工程。

清洁生产是指将综合预防的环境保护策略持续应用于生产过程和产品中，以期减少对人类和环境的风险。清洁生产从本质上来说，就是对生产过程与产品采取整体预防的环境策略，减少或者消除它们对人类及环境的可能危害，同时充分满足人类需要，使社会经济效益最大化的一种生产模式。具体措施包括：不断改进设计；使用清洁的能源和原料；采用先进的工艺技术与设备；改善管理；综合利用；从源头削减污染，提高资源利用效率；减少或者避免生产、服务和产品使用过程中污染物的产生和排放。清洁生产是实施可持续发展的重要手段。

清洁生产（cleaner production）在不同的发展阶段或者不同的国家有不同的叫法，例如"废物减量化""无废工艺""污染预防"等。但其基本内涵是一致的，即对产品和产品的生产过程、产品及服务采取预防污染的策略来减少污染物的产生。

清洁生产之所以产生主要是因为：污染严重，环境问题突出；传统的末端治理效果不理想；高消耗是造成工业污染严重的主要原因之一；走可持续发展道路成为必须的选择，而"清洁生产"是实施可持续发展战略的最佳模式。

清洁生产的定义包含了两个清洁过程控制：生产全过程和产品周期全过程。对生产过程而言，清洁生产包括节约原材料和能源，淘汰有毒有害的原材料，并在全部排放物和废物离开生产过程以前，尽最大可能减少它们的排放量和毒性。对产品而言，清洁生产旨在减少产品整个生命周期过程中从原料的提取到产品的最终处置对人类和环境的影响。清洁生产思考方法与前不同之处在于：过去考虑对环境的影响时，把注意力集中在污染物产生之后如何处理，以减小对环境的危害，而清洁生产则是要求把污染物消除在它产生之前。

清洁生产的观念主要强调三个重点：

（1）清洁能源。包括开发节能技术，尽可能开发利用再生能源以及合理利用常规能源。

（2）清洁生产过程。包括尽可能不用或少用有毒有害原料和中间产品。对原材料和中间产品进行回收，改善管理、提高效率。

（3）清洁产品。包括以不危害人体健康和生态环境为主导因素来考虑产品的制造过程甚至使用之后的回收利用，减少原材料和能源使用。

清洁生产是生产者、消费者、社会三方面谋求利益最大化的集中体现：

（1）它是从资源节约和环境保护两个方面对工业产品生产从设计到产品使用后直至最终处置，给予了全过程的考虑和要求。

（2）它不仅对生产，而且对服务也要求考虑对环境的影响。

（3）它对工业废弃物实行费用有效的源削减，一改传统的不顾费用有效或单一末端控制办法。

（4）它可提高企业的生产效率和经济效益，与末端处理相比，成为受到企业欢迎的新事物。

（5）它着眼于全球环境的彻底保护，为人类社会共建一个洁净的地球带来了希望。

根据经济可持续发展对资源和环境的要求，清洁生产谋求达到两个目标：

（1）通过资源的综合利用，短缺资源的代用，二次能源的利用，以及节能、降耗、节水，合理利用自然资源，减缓资源的耗竭。

（2）减少废物和污染物的排放，促进工业产品的生产、消耗过程与环境相融，降低工业活动对人类和环境的风险。

清洁生产是一种新的创造性理念，这种理念将整体预防的环境战略持续应用于生产过程、产品和服务中，以增加生态效率和减少人类及环境的风险。清洁生产是环境保护战略由被动反应向主动行动的一种转变。20 世纪 80 年代以后，随着经济建设的快速发展，全球性的环境污染和生态破坏日益加剧，资源和能源的短缺制约着经济的发展，人们也逐渐认识到仅仅依靠开发有效的污染治理技术对所产生的污染进行末端治理所实现的环境效益是非常有限的。而关心产品和生产过程对环境的影响，依靠改进生产工艺和加强管理等措施来消除污染可能更为有效，因此清洁生产的概念和实践也随之出现了，并以其旺盛的生命力在世界范围内迅速推广。

首先，清洁生产体现的是预防为主的环境战略。传统的末端治理与生产过程相脱节，先污染，再去治理，这是发达国家曾经走过的道路；清洁生产要求从产品设计开始，到选择原料、工艺路线和设备、废物利用、运行管理的各个环节，通过不断地加强管理和技术进步，提高资源利用率，减少乃至消除污染物的产生，体现了预防为主的思想。

其次，清洁生产体现的是集约型的增长方式。清洁生产要求改变以牺牲环境为代价的、传统的粗放型的经济发展模式，走内涵发展道路。要实现这一目标，企业必须大力调整产品结构，革新生产工艺，优化生产过程，提高技术装备水平，加强科学管理，提高人员素质，实现节能、降耗、减污、增效，合理、高效配置资源，最大限度地提高资源利用率。

最后，清洁生产体现了环境效益与经济效益的统一。传统的末端治理，投入多、运行成本高、治理难度大，只有环境效益，没有经济效益；清洁生产的最终结果是企业管理水平、生产工艺技术水平得到提高，资源得到充分利用，环境从根本上得到改善。清洁生产与传统的末端治理的最大不同是找到了环境效益与经济效益相统一的结合点，能够调动企业防治工业污染的积极性。

2.5.3 环境库兹涅茨曲线理论

库兹涅茨曲线是20世纪50年代诺贝尔奖获得者、经济学家库兹涅茨用来分析人均收入水平与分配公平程度之间关系的一种学说。研究表明，收入不均现象随着经济增长先升后降，呈现倒 U 形曲线关系（见图 2.12）。

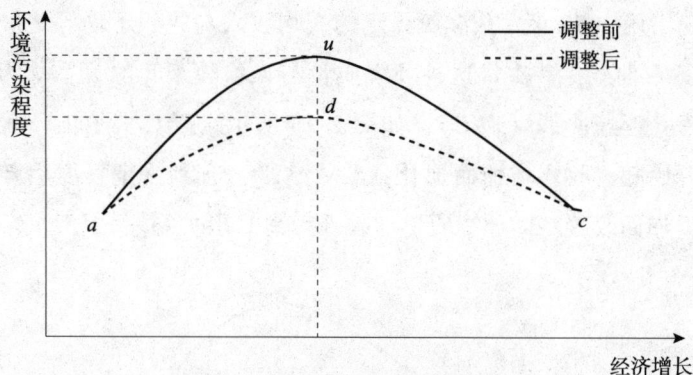

图 2.12　环境库兹涅茨曲线与调整

1991 年美国经济学家 Grossman 和 Krueger 针对北美自由贸易区谈判中，美国人担心自由贸易恶化墨西哥环境并影响美国本土环境的问题，首次实证研究了环境质量与人均收入之间的关系，指出了污染与人均收入间的关系为"污染在低收入水平上随人均 GDP 增加而上升，高收入水平上随 GDP 增长而下降"。并提出如下的假说：在经济发展的初级阶段，环境污染的程度较低；工业化过程则伴随着资源的耗费超过资源的再生和环境恶化问题；工业化过程完成后，经济结构改变，污染产业停止生产或被转移，开始恢复环境或控制环境问题。

假设图 2.12 中"经济增长"速度不变，而对环境污染程度 Y 值加以调整时，还会由调整前的曲线形态得出调整后的曲线形态，即经济发展的初级阶段 a 点—工业化过程的 u 点—工业化过程完成的 c 点的全过程，控制环境污染，使 u 点的 Y 值降低到 d 点，且这种调整后的曲线中 Y 值越低则越接近，既对环境进行保护和改善，同时又不影响经济发展的"双赢点"。这就告诉我们要基于污染存在的客观性，探寻对环境与资源最佳的作用力。

1992 年世界银行的《世界发展报告》以"发展与环境"为主题，扩大了环境质量与收入关系研究的影响。1996 年 Panayotou 借用 1955 年库兹涅茨界定的人均收入与收入不均等之间的倒 U 形曲线，首次将这种环境质量与人均收入间的关系称为环境库兹涅茨曲线（EKC），如图 2.13 所示。EKC 揭示出环境质量开始随着收入增加而退化，收入水平上升到一定程度后随收入增加而改善，即环境质量与收入为倒 U 形关系。

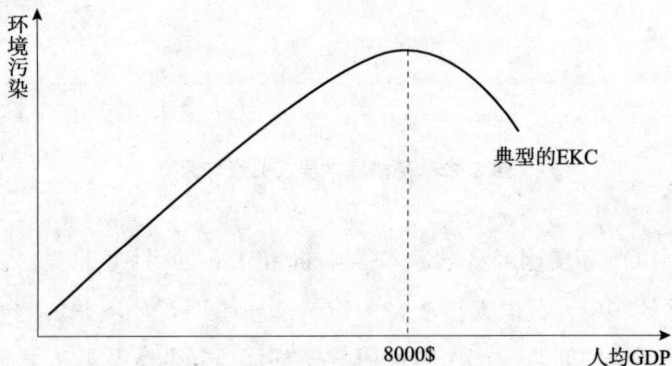

图 2.13　典型环境库兹涅茨曲线

当一个国家经济发展水平较低的时候，环境污染的程度较轻，但是随着人均收入的增加，环境污染由低趋高，环境恶化程度随经济的增长而加剧；当经济发展达到一定水平后，也就是说，到达某个临界点或称"拐点"以后，随着人均收入的进一步增加，环境污染又由高趋低，环境污染的程度逐渐减缓，环境质量逐渐得到改善，这种现象被称为环境库兹涅茨曲线。

环境库兹涅茨曲线提出后，环境质量与收入间关系的理论探讨不断深入，丰富了对 EKC 的理论解释。

1. 规模效应、技术效应和结构效应

Grossman 和 Krueger 提出经济增长通过规模效应、技术效应与结构效应三种途径影响环境质量：（1）规模效应。经济增长从两方面对环境质量产生负面影响：一方面经济增长要增加投入，进而增加资源的使用；另一方面更多产出也带来污染排放的增加。（2）技术效应。高收入水平与更好的环保技术、高效率技术紧密相连。在一国经济增长过程中，研发支出上升，推动技术进步，产生两方面的影响：一是其他不变时，技术进步提高生产率，改善资源的使用效率，降低单位产出的要素投入，削弱生产对自然与环境的影响；二是清洁技术不断开发和取代肮脏技术，并有效地循环利用资源，降低了单位产出的污染排放。（3）结构效应。随着收入水平提高，产出结构和投入结构发生变化。在早期阶段，经济结构从农业向能源密集型重工业转变，增加了污染排放，随后经济转向低污染的服务业和知识密集型产业，投入结构变化，单位产出的排放水平下降，环境质量改善。

规模效应恶化环境，而技术效应和结构效应改善环境。在经济起飞阶段，资源的使用超过了资源的再生，有害废物大量产生，规模效应超过了技术效应和结构效应，环境恶化；当经济发展到新阶段，技术效应和结构效应胜出，环境恶化减缓。

2. 环境质量需求

收入水平低的社会群体很少产生对环境质量的需求，贫穷会加剧环境恶化；收入水平提高后，人们更关注现实和未来的生活环境，产生了对高环境质量的需求，不仅愿意购买环境友好产品，而且不断强化环境保护的压力，愿意接受严格的环境规制，并带动经济发生结构性变化，减缓环境恶化。

3. 环境规制

伴随收入上升的环境改善，大多来自于环境规制的变革。没有环境规制的强化，环境污染的程度不会下降。随着经济增长，环境规制在加强，有关污染者、污染损害、地方环境质量、排污减让等信息不断健全，促成政府加强地方与社区的环保能力和提升一国的环境质量管理能力。严格的环境规制进一步引起经济结构向低污染转变。

4. 市场机制

在收入水平提高的过程中，市场机制不断完善，自然资源在市场中交易，自我调节的市场机制会减缓环境的恶化。在早期发展阶段，自然资源投入较多，并且逐步降低了自然资源的存量；当经济发展到一定阶段后，自然资源的价格开始反映出其稀缺性而上升，社会降低了对自然资源的需求，并不断提高自然资源的使用效率，同时促进经济向低资源密集的技术发展，环境质量改善。同时，经济发展到一定阶段后，市场参与者日益重视环境质量，对施加环保压力起到了重要作用，如银行对环保不力的企业拒绝贷款。

5. 减污投资

环境质量的变化也与环保投资密切相关，不同经济发展阶段资本充裕度有别，环保投资的规模因而不同。Dinda 将资本分为两部分：一部分用于商品生产，产生了污染；另一部分用于减污，充足的减污投资改善环境质量。低收入阶段所有的资本用于商品生产，污染重，并影响环境质量；收入提高后充裕的减污投资防止了环境进一步退化。环境质量提高需要充足的减污投资，而这以经济发展过程中积累了充足的资本为前提。减污投资从不足到充足的变动构成了环境质量与收入间形成倒 U 形的基础。

这些理论研究表明，在收入提高的过程中，随着产业结构向信息化和服务业的演变、清洁技术的应用、环保需求的加强、环境规制的实施以及市场机制的作用等，环境质量先下降然后逐步改善，呈倒 U 形。

2.5.4 循环经济理论

循环经济的思想萌芽可以追溯到环境保护兴起的 20 世纪 60 年代。1962 年美国生态学家蕾切尔·卡逊发表了《寂静的春天》，指出生物界以及人类所面临的危险。"循环经济"一词，首先由美国经济学家 K. 波尔丁提出，主要指在人、自然资源和科学技术的大系统内，在资源投入、企业生产、产品消费及其废弃的全过程中，把传统的依赖资源消耗的线性增长经济，转变为依靠生态型资源循环来发展的经济。20 世纪 90 年代之后，发展知识经济和循环经济成为国际社会的两大趋势。我国从 20 世纪 90 年代起引入了关于循环经济的思想。此后对于循环经济的理论研究和实践不断深入。

在日前召开的 2015 中国循环经济发展论坛上，中国循环经济协会会长赵家荣表示：经过近 10 年发展，循环经济在调整产业结构、转变发展方式、建设生态文明、促进可持续发展中发挥了重要作用。据统计，2013 年我国循环经济发展指数为 137.6%，比 2005 年提高了 37.6 个百分点。"十二五"前 4 年，我国资源产出率提高 10% 左右，单位 GDP 能耗下降 13.4%，单位工业增加值用水量下降 24%。"2014 年，我国资源循环利用产业产值达 1.5 万亿元，从业人员 2000 万人，回收和循环利用各种废弃物和再生资源近 2.5 亿吨，与利用原生资源相比，节能近 2 亿吨标准煤，减少废水排放 90 亿吨，减少固体废物排放 11.5 亿吨。"与此同时，循环经济技术创新取得突破。在清洁生产、矿产资源综合利用、固体废物综合利用、资源再生利用、再制造、垃圾资源化、农林废弃物资源化利用等领域开发了一大批具有自主知识产权的先进技术，一些技术填补了国内空白，并迅速实现产业化。"十三五"要建立生态文明建设的评价指标体系。具体到循环经济，一是评价循环经济发展本身成效的指标体系，比如资源产出率等；二是评价循环经济对经济发展绿色化程度贡献的指标。相关的研究工作已经开展。可以预见，"十三五"期间，伴随价格和收费、财政、税收、金融、产业政策等的深入改革，循环经济发展的市场化机制将加快形成，催生更多新的经济增长点。

循环经济（cyclic economy）即物质循环流动型经济，是指在人、自然资源和科学技术的大系统内，在资源投入、企业生产、产品消费及其废弃的全过程中，把传统的依赖资源消耗的线性增长的经济，转变为依靠生态型资源循环来发展的经济。

循环经济的核心内涵 3R 原则，即减量化（reduce）原则、再使用（reuse）原则和再循环（recycle）原则。

1. 减量化原则

减量化原则要求用尽可能少的原料和能源来完成既定的生产目标和消费目的。这就能在源头上减少资源和能源的消耗，大大改善环境污染状况。例如，我们使产品小型化和轻型化；使包装简单实用而不是奢华浪费；使生产和消费的过程中废弃物排放量最少。

2. 再使用原则

要求生产的产品和包装物能够被反复使用。生产者在产品设计和生产中，应摒弃一次性使用而追求利润的思维，尽可能使产品经久耐用和反复使用。

3. 再循环原则

要求产品在完成使用功能后能重新变成可以利用的资源，同时也要求生产过程中所产生的边角料、中间物料和其他一些物料也能返回到生产过程中或是另外加以利用。

发展循环经济的主要途径，从资源流动的组织层面来看，主要从三个组织层面来展开。第一层面：以企业内部的物质循环为基础，构筑企业、生产基地等经济实体内部的小循环。企业、生产基地等经济实体是经济发展的微观主体，是经济活动的最小细胞。依靠科技进步，充分发挥企业的能动性和创造性，以提高资源能源的利用效率、减少废物排放为主要目的，构建循环经济微观建设体系。第二层面：以产业集中区内的物质循环为载体，构筑企业之间、产业之间、生产区域之间的中循环。以生态园区在一定地域范围内的推广和应用为主要形式，通过产业的合理组织，在产业的纵向、横向上建立企业间能流、物流的集成和资源的循环利用，重点在废物交换、资源综合利用，以实现园区内生产的污染物低排放甚至"零排放"，形成循环型产业集群，或是循环经济区，实现资源在不同企业之间和不同产业之间的充分利用，建立以二次资源的再利用和再循环为重要组成部分的循环经济产业体系。第三层面：以整个社会的物质循环为着眼点，构筑包括生产、生活领域的整个社会的大循环。统筹城乡发展、统筹生产生活，通过建立城镇、城乡之间、人类社会与自然环境之间循环经济圈，在整个社会内部建立生产与消费的物质能量大循环，包括了生产、消费和回收利用，构筑符合循环经济的社会体系，建设资源节约型、环境友好型的社会，实现经济效益、社会效益和生态效益的最大化。从资源利用的技术层面来看，有三条技术路径来实现。其一，资源的高效利用。依靠科技进步和制度创新，提高资源的利用水平和单位要素的产出率。在农业生产领域，一是通过探索高效的生产方式，集约利用土地、节约利用水资源和能源等。二是改善土地、水体等资源的品质，提高农业资源的持续力和承载力。其二，资源的循环利用。通过构筑资源循环利用产业链，建立起生产和生活中可再生利用资源的循环利用通道，达到资源的有效利用，减少向自然资源的索取，在与自然和谐循环中促进经济社会的发展。其三，废弃物的无害化排放。通过对废弃物的无害化处理，减少生产和生活活动对生态环境的影响。

2.5.5　低碳经济理论

低碳经济是指在可持续发展理念指导下，通过技术创新、制度创新、产业转型、新能源开发等多种手段，尽可能地减少煤炭、石油等高碳能源消耗，减少温室气体排放，达到经济社会发展与生态环境保护双赢的一种经济发展形态。

人类社会伴随着生物质能、风能、太阳能、水能、地热能、化石能、核能等的开发和利用，逐步从原始社会的农业文明走向现代化的工业文明。然而随着全球人口数量的上升和经济规模的不断增长，化石能源等常规能源的使用造成的环境问题及后果不断地为人们所认识，废气污染、光化学烟雾、水污染和酸雨等的危害，以及大气中二氧化碳浓度升高将带来的全球气候变化，已被确认为人类破坏自然环境、不健康的生产生活方式和常规能源的利用所带来的严重后果。在此背景下，"碳足迹""低碳经济""低碳技术""低碳发展""低碳生活方式""低碳社会""低碳城市""低碳世界"等一系列新概念、新政策应运而生。而能源与经济以至价值观实行大变革的结果，可能将为逐步迈向生态文明走出一条新路，即摒弃 20 世纪及以前的传统增长模式，直接应用 21 世纪的创新技术与创新机制，通过低碳经济模式与生活方式，实现社会可持续发展。

低碳经济具有如下特征[55]：

1. 经济性

低碳经济具有经济性包含两层含义，一是低碳经济应按照市场经济的原则和机制来发展，二是低碳经济的发展不应该导致人们的生活条件和福利水平明显下降。也就是说，发展低碳经济既要保护合理利用资源又要促进人们生活水平的提高，低碳经济不能也不是让人们回到原始时代。

2. 技术性

低碳经济发展具有技术性，即低碳经济的发展要依靠技术的发展来实现，要实现能源效率的提高同时减少二氧化碳气体的排放。要提高能源效率就是在消耗同等能源的情况下人们享受到更多的能源服务，而这就需要技术的科技创新，如节能灯、节能电器等。减少排放就是在消耗同等能源的条件下减少气体的排放或者增强二氧化碳气体的处理能力，这就需要减排技术的研发和产业化来实现。

3. 目的性

低碳经济具有目的性。发展低碳经济的目标是减少二氧化碳气体的排放，避免将来更大的损失。同时也是将大气中温室气体的浓度保持在一个相对稳定的水平上，保持全球气温的稳定，不至于因为气温上升而影响人类的生存，从而实现人与自然的和谐相处。

实现低碳经济的发展主要有如下途径：

（1）调整能源结构，提高能源效率。

煤的含碳量在三种化石能源中是最高的。而我国主要的能源是煤，因此在确保煤炭能源基础地位的前提下要加大对煤变油、水浆煤等煤炭深度利用技术和高效清洁煤利用技术的研究和推广，以降低二氧化碳的排放量。同时要大力发展核能、风能、太阳能、水能等无碳能源。

（2）调整产业结构，降低能源消耗。

大量消耗能源的是第二产业，第一产业能源的使用主要是辅助性的或者是对劳动力的代替，因此，碳排放较为有限。第三产业提供的产品主要是服务，虽然在服务过程中为了提高效率和质量需要运行一些设备，需要消耗商品能源，但其单位产值消耗的能源也非常有限。因此要调整产业结构，大力发展第三产业，降低能源消耗。

（3）加强技术创新，发展"碳中和"技术。

低碳技术和清洁发展机制是实现低碳经济的主要方式。因此应大力发展重低碳或无碳技术的"碳中和"技术。"碳中和"技术是通过计算二氧化碳的排放总量，然后通过植树等方式把这些排放量吸收掉，以达到环保的目的。政府间气候变化专家委员会认为，低碳或无碳技术的研发规模和速度决定未来温室气体排放减少的规模。

（4）加强国际经济合作，提高技术转让速度。

气候变化的问题是一个全球化的问题，然而能源需求和排放的增长主要来自于发展中国家，因此为了促进全球可持续发展目标的实现，发达国家有义务向发展中国家提供资金援助和技术转让。

（5）建立清洁发展机制，促进低碳经济发展。

要实现经济的低碳和可持续发展，清洁发展机制（CDM）、节能减排是非常重要的方式和手段。通过 CDM 项目，可以减少温室气体的排放，以实现可持续发展和循环性社会的目的。

2.5.6 生态文明理论

生态文明，是指人类遵循人、自然、社会和谐发展这一客观规律而取得的物质与精神成果的总和；是指以人与自然、人与人、人与社会和谐共生、良性循环、全面发展、持续繁荣为基本宗旨的文化伦理形态。生态文明是人类文明的一种形态，它以尊重和维护自然为前提，以人与人、人与自然、人与社会和谐共生为宗旨，以建立可持续的生产方式和消费方式为内涵，以引导人们走上持续、和谐的发展道路为着眼点。生态文明强调人的自觉与自律，强调人与自然环境的相互依存、相互促进、共处共融，既追求人与生态的和谐，也追求人与人的和谐，而且人与人的和谐是人与自然和谐的前提。可以说，生态文明是人类对传统文明形态特别是工业文明进行深刻反思的成果，是人类文明形态和文明发展理念、道路和模式的重大进步。

生态文明的核心要素是公正、高效、和谐和人文发展。公正，就是要尊重自然权益实现生态公正，保障人的权益实现社会公正；高效，就是要寻求自然生态系统具有平衡和生产力的生态效率，经济生产系统具有低投入、无污染、高产出的经济效率和人类社会体系制度规范完善运行平稳的社会效率；和谐，就是要谋求人与自然、人与人、人与社会的公平和谐，以及生产与消费、经济与社会、城乡和地区之间的协调发展；人文发展，就是要追求具有品质、品味、健康、尊严的崇高人格。公正是生态文明的基础，效率是生态文明的手段，和谐是生态文明的保障，人文发展是生态文明的终极目的。

建设生态文明，是关系人民福祉、关乎民族未来的长远大计。面对资源约束趋紧、环境污染严重、生态系统退化的严峻形势，必须树立尊重自然、顺应自然、保护自然的生态文明理念，把生态文明建设放在突出地位，融入经济建设、政治建设、文化建设、社会建设各方面和全过程，努力建设美丽中国，实现中华民族永续发展。2015年9月21日，中共中央、国务院印发《生态文明体制改革总体方案》，阐明了我国生态文明体制改革的指导思想、理念、原则、目标、实施保障等重要内容，提出要加快建立系统完整的生态文明制度体系，为我国生态文明领域改革做出了顶层设计。方案分为10个部分，共56条，明确生态文明体制改革的指导思想是，坚持节约资源和保护环境基本国策，坚持节约优先、保护优先、自然恢复为主方针，立足我国社会主义初级阶段的基本国情和新的阶段性特征，以建设美丽中国为目标，以正确处理人与自然的关系为核心，以解决生态环境领域突出问题为导向，保障国家生态安全，改善环境质量，提高资源利用效率，推动形成人与自然和谐发展的现代化建设新格局。

结合国外关于生态文明的理解和我国的战略构想，生态文明的基本内容包括以下几个方面[55]：

（1）树立人与自然和谐相处的价值理念。

人与自然不是完全割裂的两个部分，而是相互依存的关系，你中有我，我中有你，只有人与自然的和谐相处，才能保证人类拥有良好的生活环境和生活基础，才能实现人类永续不断地发展。

（2）建设绿色环保产业以实现人类社会的长远发展。

绿色的环保产业主要是指循环经济和绿色产业，即在生产模式上属于"生产—消费—再利用—再生产"，使资源达到最大限度的利用。在这样的产业模式之下资源得到有效利用，自然资源和环境得到保护。

（3）完善制度建设，更加注重生态环境的保护。

（4）提倡节约、环保、文明的消费方式。

树立节约、环保、文明的消费方式，既注重人类必需的物质生活消费，又关注人类精神生活的提升；既有益于人们的身心健康，又有益于自然资源与环境，为人类创造一个有序的、稳定的、适宜的生活环境。

生态文明理论体现了马克思主义的辩证唯物主义和唯物主义历史观，从人、社会、自然全面发展出发，提出生态文明理论。生态文明理论具有三个特征，即生态文明的有机性与自律性、生态文明的公平性与和谐性、生态文明的基础性与可持续性。生态文明理论具体体现了马克思主义的全局观念、公平正义观念和可持续发展观念。

2.6 本章小结

本章着重介绍了节能减排的含义以及提出的背景和实施的意义；能效电厂的概念、运作模式、与常规电厂和电力需求侧管理的区别以及能效电厂的国内外发展现状和实施的意义；倒逼机制的概念和应用；情景分析法的概念、特点和应用以及节能减排的理论基础，为后续研究的展开奠定了基础。

第3章 节能减排的发展现状及原因分析

3.1 我国节能减排发展现状

3.1.1 我国的节能减排规划

1. "十一五"规划

"节能减排"出自于我国"十一五"规划纲要。在"十一五"规划中有如下表述：在"十一五"期间，单位国内生产总值能耗降低 20% 左右、主要污染物排放总量减少 10%。这是贯彻落实科学发展观、构建社会主义和谐社会的重大举措；是建设资源节约型、环境友好型社会的必然选择；是推进经济结构调整，转变增长方式的必由之路；是维护中华民族长远利益的必然要求。

《国民经济和社会发展第十一个五年规划纲要》提出了"十一五"期间单位国内生产总值能耗降低 20% 左右，主要污染物排放总量减少 10% 的总体指标。根据这两项指标，如果中国 GDP 年均增长一成，五年内就需要节能 6 亿吨标准煤，减排二氧化硫 620 多万吨、化学需氧量 570 多万吨。这是党和政府对人民的庄严承诺。

国家发展和改革委员会与有关部门制定的《节能减排综合性工作方案》则进一步明确了节能减排的总体目标和要求。主要目标包括：到2010年，每万元国内生产总值能耗由2005年的1.22吨标准煤下降到1吨标准煤以下，降低20%左右；单位工业增加值用水量降低30%。"十一五"期间，主要污染物排放总量减少10%，到2010年，二氧化硫排放量由2005年的2549万吨减少到2295万吨，化学需氧量（COD）由1414万吨减少到1273万吨；同时全国设市城市污水处理率不低于70%，并且工业固体废物综合利用率达到60%以上。

为实现经济社会发展目标，我国能源发展"十一五"（2006—2010年）目标是：到"十一五"末期，能源供应基本满足国民经济和社会发展需求，能源节约取得明显成效，能源效率得到明显提高，结构进一步优化，技术取得实质进步，经济效益和市场竞争力显著提高，与社会主义市场经济体制相适应的能源宏观调控、市场监管、法律法规、预警应急体系和机制得到逐步完善，能源与经济、社会、环境协调发展。

2. "十二五"规划

国家"十二五"规划明确提出了节能减排的目标，即到2015年，单位GDP二氧化碳排放降低17%；单位GDP能耗下降16%；非化石能源占一次能源消费比重提高3.1个百分点，从8.3%到11.4%；主要污染物排放总量减少8%~10%。而且在"十二五"规划中还明确了主要污染物控制总类，除"十一五"规划中的化学需氧量、二氧化硫这两个类别基础外，还增加了氨氮和氮氧化物两个类别的污染物控制指标。"十二五"规划提出的约束性指标更加明确了国家节能减排的决心。

国务院发布的《节能减排"十二五"规划》，对有关领域、行业的节能减排提出了明确的任务和要求，侧重于重点行业和重点领域节能减排措施的细化和目标的量化，确定了五个方面的主要污染物减排重点工程。

3. "十三五"规划

国家"十三五"规划明确提出了节能减排的目标，即到2020年，单位 GDP 二氧化碳排放降低 18%；单位 GDP 能耗下降 15%；非化石能源占一次能源消费比重提高 3 个百分点，从 12% 到 15%。此外，"十三五"规划中还明确了各个主要污染物排放总量减少百分比，其中化学需氧量降低 10%，氨氧量降低 10%，二氧化硫排放量降低 15%，氮氧化物排放降低 15%，"十三五"规划提出的约束性指标明确了国家节能减排的决心。

国家"十三五"规划的总体目标为生态环境质量总体改善。生产方式和生活方式绿色、低碳水平上升。能源资源开发利用效率大幅提高，能源和水资源消耗、建设用地、碳排放总量得到有效控制，主要污染物排放总量大幅减少。主体功能区布局和生态安全屏障基本形成。

并且《国家应对气候变化规划（2014—2020 年)》提到我国应对气候变化工作现状：2013 年，我国单位国内生产总值二氧化碳排放比 2005 年下降 28.5%，非化石能源在一次能源中的比重提高到 9.8%，风电装机容量、水电装机容量、核电在建规模、农村沼气用户量、太阳能热水器集热面积均居世界第一位，其中森林覆盖率由 2005 年的 18.21% 提高到 21.6%。农林、水资源、防灾减灾等重点领域适应气候变化的能力较之前有所增强。

但与此同时，我国应对气候变化的工作基础还相对薄弱，相关法律法规、政策体系、体制机制、标准规范还不是很健全，相关财税、价格、投资、金融等政策机制需要进一步创新，市场机制也需要进一步强化，统计核算等能力亟须加强，人才队伍的建设相对滞后，社会应对气候变化的认识水平和能力有待提高。

3.1.2 我国节能减排的制度、政策

我国有计划、有组织地开展节能工作始于 20 世纪 80 年代初，从 1980 年到 2016 年国家先后制定与颁布了 100 多项与节约能源相关的法律、法规、政策条例（详见附表），有些成效明显、有些成效很小。综合分析这些法律、法规、政策条例，我们可以将它们分为以下几大类[56]：

1. 通过节能宣传和教育促进公民的节能意识

为促进公民的节能意识和节能行为，我国制定了《全民节能减排手册——36 项日常生活行为的节能减排潜力量化指标》，主要从衣、食、住、行、用和其他等方面来指导消费者的节能知识。但是，《全民节能减排手册——36 项日常生活行为的节能减排潜力量化指标》的普及度不高，宣传力度不够，还不能对消费者的行为起到一定的影响。另外，我国还规定每年的 6 月15—21 日是一年一度的全国节能宣传周，目的是加强公民的节能意识，引导公民从生活节能开始。但是，由于这个节能宣传周在我国刚实行，因而很多潜在的问题没有解决。比如在节能宣传及节能活动的具体实施中，许多节能举措形同虚设："无车日"当天，街巷的车辆依旧来回穿梭，或即使当天车辆减少，次日又恢复往常；宣传点只顾发放传单，不管传单的宣教效果；为了招商引资，个别地方政府仍然不惜牺牲能源、环境利益……因此，关于节能的政策和宣传成了一种形式，而没有真正达到政府预期的效果。

2. 促进节能技术的开发与应用

为了促进节能技术的开发应用，我国制定了相关的法规和

政策，如《节能技术改造财政奖励资金管理暂行办法》。为推动节能技术进步，提高能源利用效率，促进节约能源和优化用能结构，建设资源节约型、环境友好型社会，在广泛征求社会各界意见的基础上，我国重新修订《中国节能技术政策大纲》（以下简称《大纲》），其目的和意义在于：《大纲》从实际出发，根据节能技术的成熟程度、成本和节能潜力，采用"研究、开发""发展、推广""限制、淘汰、禁止"等措施，规范节能技术政策。《大纲》用于指导节能技术研究开发、节能项目投资重点方向，为编制能源开发利用规划和节约能源规划提供技术支持，为实现国家"十一五"节能目标奠定基础。为积极配合《中华人民共和国节约能源法》的实施，国家标准委制定了46项与《节能法》配套的国家标准，这46项标准是在充分借鉴和参考美国、欧盟、日本等国家和地区先进技术成果的基础上，结合我国相关产品的节能技术的实际，经过大量的试验验证制定的，这些国家标准的实施，将为推广节能减排技术和规范市场秩序提供技术支撑，在有效贯彻《节能法》方面发挥重要作用。

3. 激励企业积极节能

为促进企业积极节能，我国政府制定了相关的优惠政策。财政部研究制定了《允许抵扣增值税进项税金的节能减排设备目录》，新购节能设备将可抵税，这样，企业进行节能的成本相对来说可以减少，为企业选择节能行为提供了现实的经济基础。同时，2008年是完成"十一五"节能减排约束性目标的关键一年，为大力支持推动节能减排工作，财政部安排了270亿元专项资金，中央建设投资中安排了148亿元。因此，2008年中央财政共计安排418亿元用于支持推进节能减排工作。这个专项资金可以在一定程度上解决节能项目投资、融资难的问题。另外，银行业也正在完善对节能降耗项目的投资制度。在国内首推能效贷款的兴业银行，实际上是一款银企双赢的高收益、低风险的产品。并且，能效贷款项目给银行带来经济效益的同时，其实施产生的能源节约和环境效益也不容忽视。来自兴业银行的统计数据显示：截至 2008 年 8 月底，共受理能效项目贷款申请超过 50 笔，贷款总金额 6.89 亿元。其中，通过授信审批的项目 18 个，总金额 2.77 亿元；已发放贷款 9 笔，金额合计 1.7 亿元，每年可节约标准煤 20.4 万吨，减少二氧化碳等温室气体的排放 55.5 万吨。我国目前已实施的各项与节约能源相关的法律、法规、政策条例的出发点是引导企业和消费者选择节能行为。从它们的实际作用来看，这些已实施的法律、法规、政策条例对加强消费者的节能意识和企业使用节能产品起到了一定的作用。但是，目前我国节能产业发展中存在一些比较明显的问题，如节能产品的能效标准尚未统一，市场上的节能产品价格和产品质量参差不齐，使得消费者不愿意选择节能产品；节能技术的专利和保护制度仍不完善，影响了企业研发节能技术的积极性；同时，由于节能监督管理机制的不完善，导致节能政策的落实、执行相对滞后。这些原因导致我国节能产业的发展较慢。因此，我们有必要通过学习和研究节能产业发展较快国家的制度和政策环境，为促进中国节能产业的发展寻找原因和对策。

3.1.3　我国节能减排的发展模式

从图 3.1 中可见：可持续发展是节能减排的目的和指导思想；低碳节能技术、环保减排技术以及相关节能减排法律机制的健全等有利于保证节能减排工作的顺利完成；又因为我国地大人多，各地区发展差距大，因此需要根据各地区的实际情况制定出符合自身实际的节能减排手段。具体而言，起初的节能减排工作主要是从以下几方面展开的。

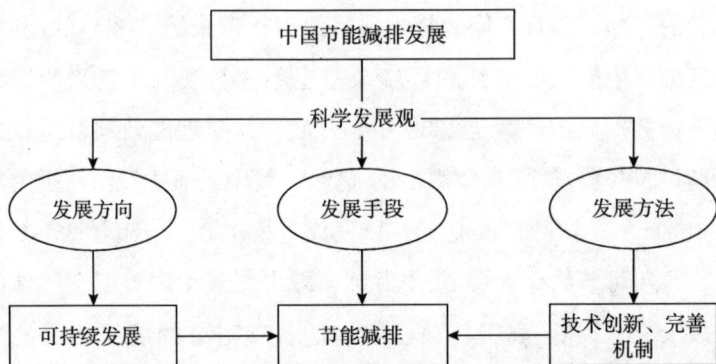

```
        ┌─────────────────┐
        │  中国节能减排发展  │
        └────────┬────────┘
                 │
            科学发展观
        ┌────────┼────────┐
        │        │        │
     ┌──────┐ ┌──────┐ ┌──────┐
     │发展方向│ │发展手段│ │发展方法│
     └──┬───┘ └──┬───┘ └──┬───┘
        │        │        │
   ┌────────┐┌──────┐┌──────────┐
   │可持续发展││节能减排││技术创新、完善│
   └────────┘└──────┘│   机制    │
                     └──────────┘
```

图 3.1　我国节能减排发展模式图

一是以可持续发展观作为节能减排的宏观指导。可持续发展是指既满足现代人的需求又不损害后代人满足需求的能力。换句话说，就是指经济、社会、资源和环境保护协调发展，它们是一个密不可分的系统，既要达到发展经济的目的，又要保护好人类赖以生存的大气、淡水、海洋、土地和森林等自然资源和环境，使子孙后代能够永续发展和安居乐业。可持续发展的核心是发展，但要求在严格控制人口、提高人口素质、保护环境、资源永续利用的前提下进行经济和社会的发展。对于发展中的中国而言，要把保增长、扩内需、调结构、节能耗、降排放较好地结合起来，把推进发展方式转变和结构调整作为应对国内外环境变化，实现可持续发展的根本出路。在这样一个大背景下，我国的节能减排工作应在可持续发展观的宏观指导下开展。

二是以建立节能减排机制作为发展节能减排的重要保证。我国的节能减排是我国转变经济增长方式，实现可持续发展的重要途径，是我国一个长期的系统工程，并不是靠一两部法律、几条法规，甚至政府的强制行政手段就能实现的。要想从根本上保证节能减排的长期有序开展，政府必须更多地采用市场机制和经济手段实现碳排放强度降低的目标，强化各项政策措施，加快建立健全政府为主导、企业为主体，适应社会主义市场经济要求的节能减排长效机制。具体来看，一要依法节能，坚决制止各种浪费能源资源行为；二要强化目标责任，要科学确定、分解落实节能减排和应对气候变化的各项目标任务；三要加快结构调整，实行固定资产投资项目节能评估审查和环境影响评估审查；四要加大技术推广力度；五要完善政策机制，理顺煤、电、油气、水、矿产等资源类产品价格关系；六要引导绿色消费。

三是以技术创新作为节能减排的主要抓手。节能减排就是以提高能源利用效率、减少污染物排放作为最直接的目标。要提高能源利用效率，就要在生产工艺、生产设备等上下功夫，可以通过提高能源的直接利用效率来实现，也可以通过循环利用某个工艺过程中产生的废物来实现。要减少污染物排放，要么就改进工艺，提高原材料的利用效率，要么就提升末端治理技术水平，最大化地减少污染物的直接排放。这一切，无论是改进工艺、设备，还是提高利用率、循环率，都需要技术创新作为重要支撑，这也是最直接的有效的办法。具体而言，主要是靠发展低碳高效能源技术和环保污染控制技术作为节能减排的手段。

但这只是我们的理想发展模式，但在实际过程中还存在很多问题。

3.1.4 我国节能减排取得的成效

我国在"十二五"期间进一步强化了节能减排目标的执行

力度，采取了实施总量控制等措施，节能减排取得了显著的成效[57]。

1. 能源消耗增速减缓，成效显著

（1）能源需求总量增长变缓。

"十一五"期间，我国能源消费年均增长 2.4 亿 tce（tce 表示标准煤当量）以上，五年累计增长 12.1 亿 tce。"十二五"期间这一增长势头有所减缓，2014 年，我国能源消费总量为 42.6 亿 tce，2010—2014 年四年累计增长 6.45 亿 tce，年均增长 1.61 亿吨，比"十一五"时期下降近 0.8 亿 tce，其中主要是煤炭和石油消费增量明显下降。"十二五"时期的前三年，煤炭与石油年均消费增量分别为 8847.2 万 tce 和 2420.5 万 tce，比"十一五"时期年均分别下降了 1927.3 万 tce 和 581.7 万 tce。为落实《大气污染防治行动计划》和《京津冀及周边地区落实大气污染防治行动计划实施细则》，京津冀地区明确提出到 2017 年年底，压减煤炭消费总量 8300 万吨，其中，北京市净削减原煤 1300 万吨，天津市净削减 1000 万吨，河北省净削减 4000 万吨，山东省净削减 2000 万吨。广东、江西、重庆提出到 2017 年煤炭占一次能源消费的比重分别下降到 36%、65% 及 60% 以下。

（2）清洁能源比重逐渐加大。

"十二五"期间，天然气、水电、核电、风电的消费呈现加速增长的态势，天然气年均消费增量比"十一五"时期平均增长了 851.9 万 tce，水电、核电和风电增长了 555.7 万 tce。2013 年，天然气、水电、核电和风电在一次能源中的占比达到 14%，清洁能源占比进一步提高，如表 3.1 所示。

表 3.1　发电装机容量

年份	发电装机容量	火电	水电	核电	风电	太阳能发电	其他
2010	96641	70967	21606	1082	2958	26	3
2011	106253	76834	23298	1257	4623	212	19
2012	114676	81968	24947	1257	6142	341	20
2013	125768	87009	28044	1466	7652	1589	8
2014	137018	92363	30486	2008	9657	2486	19

注：数据来自《中国统计年鉴2015》。

能源消费结构的优化主要是我国清洁能源供应在"十二五"期间有较快的增长，2010—2013 年，天然气产量增长了 25.4%，水电、核电和风电合计增长了 32.8%，石油增长了 4%，煤炭增长了 13%，创历史最低。2013 年，水电装机容量、风电装机容量、核电在建规模、太阳能热水器集热面积、农村沼气用户量均居世界第一位。天然气、水电等清洁能源产量占一次能源产量的 10.7%。2012 年，政府用于可再生能源的补贴达 196 亿元。

（3）单位 GDP 能耗持续降低。

"十二五"时期前三年，我国单位国内生产总值能耗分别下降 2.01%、3.60% 和 3.7%，如表 3.2 所示。

表 3.2　平均每万元国内生产总值能源消耗量

年份	万元国内生产总值能源消耗量/（吨标准煤/万元）	万元国内生产总值煤炭消耗量/（吨/万元）	万元国内生产总值焦炭消耗量/（吨/万元）	万元国内生产总值石油消耗量/（吨/万元）	万元国内生产总值原油消耗量/（吨/万元）	万元国内生产总值燃料油消耗量/（吨/万元）	万元国内生产总值电力消耗量/（万千瓦·时/万元）
2010	0.88	0.85	0.09	0.11	0.1	0.01	0.1
2011	0.86	0.87	0.09	0.1	0.09	0.01	0.1
2012	0.83	0.85	0.09	0.1	0.09	0.01	0.1
2013	0.8	0.82	0.09	0.1	0.09	0.01	0.1

注：数据来自《中国统计年鉴2015》；国内生产总值按 2010 年可比价格计算。

根据国家发展和改革委员会发布的"十二五"期间节能目标预警分析，全国 30 个省、市、区（不包括台湾省）中，海南、青海、宁夏、新疆属于红色预警，陕西属于黄色预警。其余 25 个省、市、区均可完成分解的节能目标。按照国务院要求，我国有关部门每年对各省、市、区进行现场考核，节能考核结果将作为地方党政领导班子和领导干部综合评价考核的重要依据，纳入国务院对地方政府绩效管理的重要内容。对考核等级为未完成的地区，按规定进行问责，相关负责人在考核结果公布后的一年内不得评选优秀和提拔重用，暂停该地区高耗能项目的能评审查；对考核等级为基本完成以及能源消费量超出控制目标的地区，严格节能评估审查，新上高耗能项目实行有条件审批。把单位 GDP 能耗完成目标与干部使用联系起来，是中华人民共和国成立以来最严格的节能管制措施。"十一五"时期，形成节能量 6.3 亿 tce，"十二五"时期前三年，实现节能量 3.4 亿 tce。

（4）政府对市场的引导作用进一步加强。

推行节能产品标识和能效标识，通过政府采购制度为节能产品创造市场，引导消费者选择节能产品。目前列入政府采购清单的节能产品共有 1.5 万种，2013 年，全国政府采购金额为 16381 亿元，优先和强制采购节能产品 1839 亿元，占同类产品的 86%；环保产品 1435 亿元，占同类产品的 82%，节能和环保产品采购金额分别比 2012 年增长 43.6% 和 52.7%，有力保障了我国节能产品的能效提升。为了推动重点用能单位节能工作，我国多个部门联合出台了万家企业节能低碳行动实施方案。据 2010 年的初步统计，全国共有 17000 家左右企业入选。万家企业能源消费量占全国能源消费总量的 60% 以上。万家企业节能管理的主要目标是促进企业大幅度提高能源利用效率，主要产品（工作量）单位能耗达到国内同行业先进水平，部分企业达到国际先进水平。"十二五"期间，万家企业实现节约能源 2.5亿 tce。建筑领域节能按照 2013 年 1 月发布的《绿色建筑行动方案》要求，推进绿色建筑行动，同时继续开展既有建筑改造。截至 2013 年年底，全国城镇新建建筑全面执行节能强制性标准。截至 2013 年年底，全国共有 1446 个项目获得绿色建筑评价标识，建筑面积超过 1.6 亿平方米。全国城镇累计建成节能建筑面积 88 亿平方米，年形成约 8000 万 tce 的节能量和 2.1 亿吨二氧化碳减排量。交通部门颁发了《关于深入推进"车、船、路、港"千家企业低碳交通运输专项行动的通知》，确定了 981家参与企业名单，健全了能耗和碳排放报告制度，提出了参与企业考核指标体系，协同财政部共同安排交通运输节能减排专项资金共 7.49 亿元，对 367 个项目"以奖代补"。2013 年交通运输行业节能 613 万 tce，相当于少排放二氧化碳 1337 万吨。

2014 年 1 月，国家发展和改革委员会印发《节能低碳技术推广管理暂行办法》，加快节能低碳技术进步和推广普及，引导用能单位采用先进适用的节能新技术、新装备、新工艺。发布第六批《国家重点节能技术推广目录》，公布煤炭、电力、钢铁、有色等 13 个行业的 29 项重点节能技术，六批目录累计向社会推荐了 215 项重点节能低碳技术。

（5）增加较大的节能投入。

为了鼓励企业进行节能减排，政府实施以奖代投，2012 年，政府用于推广节能产品等节能补贴达到 461 亿元。据不完全统计，2013 年，国家发展和改革委员会第一批节能技术改造财政奖励金额达到 157 亿元，可实现节能 590 万 tce。此外，国家有关部门协同银行等金融企业，探索节能融资模式，帮助企业解决节能减排资金问题。2008 年，国家发展和改革委员会、财政部启动了中国节能融资项目，支持中国进出口银行、华夏银行、民生银行三家银行利用世界银行转贷资金开展节能贷款业务。到2013年，累计投放节能贷款逾20亿元人民币，带动企业直接节能投资超过51亿元人民币，可形成196万tce的节能能力，相当于减少二氧化碳排放478万吨以上。与此同时，也促进了我国绿色金融的发展。"十二五"期间，我国节能服务产业有较大的发展。截至2013年，中国节能服务公司已有4000多家，年产值约1653亿元，从业人员达到43.5万人，节能服务产业逐步成为中国节能减排的重要支撑产业。

2. 不断完善环境监测体系，环境质量成效显著

（1）监测范围覆盖面积增大，标准不断提高。

根据我国历年环境统计公报的指标数量来看，我国对污染物排放及其影响的认识逐步深化，技术监测手段不断提高，列入国家环境监测体系的指标不断丰富，监测的污染物种类和监测范围逐步扩大。1995年，环境统计公报公布污染物仅包括工业"三废"排放数据和处理量、环境保护区的数量和占地面积等；2000年，虽然监测的指标没有增加，但增加县级以上和乡镇不同区域的三废排放量分级统计；2005年统计公报中增加了水中氨氮统计监测，统计对象分为工业和城镇两级。2011年以后增加了工业危险物排放的统计监测，并进一步细分排放源的统计，如工业、城镇、农业与集中式化学需氧量的排放。2013年以来中国环境状况大气质量统计中增加了PM和灰霾天气的统计数据的公布，增加了与环境污染相关的能源与交通状况等统计数据。与"十一五"时期规划相比，"十二五"时期规划环境约束指标在原来的二氧化硫和化学需氧量基础上增加了氨氮和氮氧化物。其中，二氧化硫和化学需氧量的减排目标是8%，氨氮和氮氧化物的减排目标是10%。

环保监测能力建设不断加强，环境监测的网络密度加强。2010 年开展污染源监督性监测的重点企业数有 48024 个，2014 年增加到 61454 个。2000 年，陆地自然保护区面积占国土面积的比例为 9.85%，2010 年以后上升到 15% 左右。国家环保部门当年制定的环保标准和颁布的环保标准数量逐年增长，其中 2000—2010 年，是我国环境保护标准和中央与地方法规颁布最为集中的 10 年，每年颁布数十项。极大地改善了我国环保无法可依以及缺乏监管标准等问题。

随着经济增长加速和国力的增强，我国用于污染治理的环境投入自 2000 年以来，每年以几千亿元的规模增长。2000 年我国污染治理的投入资金为 239.4 亿元，2005 年增加到 2388 亿元，占当年 GDP 的 1.31%，2010 年投资达到 6654.2 亿元，占 GDP 的 1.67%；2013 年投资进一步增加到 9037.2 亿元，占 GDP 的 1.59%。污染治理能力不断提高，重大环境事故逐步减少。"十一五"时期，新增城镇污水日处理能力 6500 万吨，城市污水处理率达到 77%；燃煤电厂投产运行脱硫机组容量达 5.78 亿千瓦，占全部火电机组容量的 82.6%。2010 年以后重大环境事件逐步下降，2013 年，特别重大环境事件为零，重大环境事件为 3 件，较大环境事件为 17 件。

2010 年与 2005 年相比，环保重点城市二氧化硫年均浓度下降 26.3%，地表水国控断面劣五类水质比例由 27.4% 下降到 20.8%，七大水系国控断面好于三类水质比例由 41% 上升到 59.9%。"十二五"期间，二氧化硫、化学需氧量、氨氮等污染物排放下降目标按地区进行了分解，根据 2013 年的考核情况，各地区均完成了考核目标。

（2）积极参与应对气候变化。

2009 年，我国在《国家应对气候变化规划（2014—2020

年)》中，提出了 2020 年的减排目标，即单位国内生产总值二氧化碳排放比 2005 年下降 40%~45%、非化石能源占一次能源消费的比重达到 15% 左右，森林面积和蓄积量分别比 2005 年增加 4000 万公顷和 13 亿立方米。2015 年 6 月，我国向联合国气候变化框架公约（以下简称公约）秘书处提交了《强化应对气候变化行动——中国国家自主贡献》报告，报告中提出，我国二氧化碳排放 2030 年左右达到峰值并争取尽早达峰；单位国内生产总值二氧化碳排放比 2005 年下降 60%~65%，非化石能源占一次能源消费比重达到 20% 左右；森林蓄积量比 2005 年增加 45 亿立方米左右。作为一个发展中国家，我国的减排行动得到国际社会的广泛赞誉。

"十一五"期间，我国通过节能降耗减少二氧化碳排放 14.6 亿吨。2013 年单位国内生产总值二氧化碳排放比 2012 年下降 4.3%。比 2005 年累计下降 28.56%，相当于少排放二氧化碳 25 亿吨。"十二五"期间，探索利用市场化手段促进降低温室气体排放。北京、天津、上海、重庆、湖北、广东和深圳 7 省市开展碳排放权交易试点工作。产业与能源结构调整、增加碳汇等措施成效显著。据第八次全国森林资源清查主要结果（2009—2013 年）：我国森林面积 2.08 亿公顷，森林覆盖率 21.63%。活立木总蓄积 164.33 亿立方米，森林蓄积 151.37 亿立方米。森林面积和森林蓄积分别位居世界第五位和第六位，人工林面积居世界首位。随着我国森林总量增加、结构改善和质量提高，森林生态功能进一步增强。全国森林植被总生物量 170.02 亿吨，总碳储量达 84.27 亿吨；年涵养水源量 5807.09 亿立方米，年固土量 81.91 亿吨，年保肥量 4.30 亿吨，年吸收污染物量 0.38 亿吨，年滞尘量 58.45 亿吨。但是，与世界其他国家相比，我国仍然是一个缺林少绿、生态脆弱的国家，森林覆盖率远低于全球 31% 的平均水平，人均森林面积仅为世界人均水平的 1/4，人均森林蓄积只有世界人均水平的 1/7，森林资源总量相对不足、质量不高、分布不均等问题比较突出。由于我国正处于工业化和城镇化的快速发展期，温室气体排放仍增长较快。

3.2 河北省节能减排发展现状

3.2.1 河北省现节能减排的保障措施

1. 强化目标责任

合理分解各设区市各年度节能减排目标，各设区市要将省下达的目标逐级落实，做到区域全覆盖、企业全包括、目标全量化，要扎实稳步推进节能减排，避免出现前松后紧或时紧时松的情况。各级政府主要负责同志、各企业主要负责人作为本地区、本企业节能减排第一责任人，要亲自研究、协调、解决重大问题，确保各项工作落实到位。相关部门要各负其责、密切配合、齐抓共管、形成合力。健全节能减排统计、监测、考核体系，把节能减排指标完成情况作为政府领导班子和领导干部任期内贯彻落实科学发展观的主要考核内容，作为国有大中型企业负责人经营业绩的主要考核内容，加大奖惩力度，实行严格问责和"一票否决"。开展节能减排绩效管理试点，探索建立节能减排绩效评估体制机制。

2. 强化源头控制

严控能耗排污增量。严格固定资产投资项目节能评估审查，对没有能耗增量来源的拟建项目，各级投资主管部门一律不得审批、核准和备案；合理控制能源消费总量，提高能源利用水平和效率。严格履行环境影响评价程序，并把主要污染物排放总量控制指标作为新、改、扩建项目环境影响评价审批的前置条件，对没有主要污染物总量指标来源的新上项目，各级环保部门一律不得审批环评报告。严把项目准入关。所有新上项目要设定更加严格的能耗污染准入标准，新上工业项目必须采用国内最先进技术工艺，按照循环经济理念考虑产业链的延伸，达到同行业能耗和排污先进水平，将能耗和排污总量控制在核定范围内。严格项目建设监管。把新建项目落实节能措施作为节能监察的重要内容，由项目所在设区市节能监察机构负责项目建设过程中的跟踪监督，对节能措施落实不到位的限期整改。认真落实环保"三同时"制度，对未按要求建设环保设施的责令立即纠正，违规建成的不予环保验收，不得投产运行。

3. 强化机制建设

健全财政扶持机制。建立节能减排专项资金与财政收入增长联动、节能减排成效与地方财政投入挂钩机制，加大财政投入力度，确保及时足额到位。落实国家支持节能减排的税收优惠政策，深化"以奖代补""以奖促治"支持办法，完善落后产能退出机制和节能产品政府强制性采购制度。强化价格调节机制。完善差别电价、惩罚性电价措施，探索对违规建设"两高"项目征收差别电价；制定鼓励余热余压发电、煤层气和沼气发电上网价格。严格电力行业烟气脱硫电价管理，根据脱硫设施运行情况，拨付脱硫电价补贴。全面推行供热计量收费制度。研究将污泥处理费用逐步纳入污水处理成本。出台补助非电力行业脱硫脱硝建设运营、淘汰黄标机动车的政策。完善金融支持机制。健全绿色信贷机制，将企业节能减排成效与企业信用等级评定、贷款获得、利率高低相挂钩，重点扶持"双三十"单位、"双千"企业、重点节能减排改造工程、循环经济和清洁生产项目等。探索建立绿色银行评级制度，推行重点区域涉重金属企业环境污染责任保险。创新市场驱动机制。稳步推进排污权有偿使用和温室气体排放权交易，以电力行业为试点行业，重点开展二氧化硫和氮氧化物排放权有偿使用和交易，以秦皇岛、唐山、沧州为试点区域，重点开展化学需氧量和二氧化硫排污权有偿使用和交易，并在全省逐步推广。在部分高耗能行业探索开展温室气体排放权交易。推行合同能源管理和治污设施特许经营，健全污染者付费制度和生态补偿机制。

4. 强化科技创新

加大共性关键性技术研发力度。整合科技资源，完善创新体系，实施节能减排及资源环境技术研发应用专项，对污泥掺烧发电、低品位余能利用、污水深度处理、再生水利用、畜禽污染治理、脱硫脱硝、非电工业锅炉脱氮技术等节能减排急需的共性关键技术，强力组织攻关，力争早日攻克并尽快在行业内得到普遍应用，拓展技术节能减排空间。加快重大技术产业化应用。重点推广焦化煤调湿等70项节能技术，好氧生物流化床污水处理等55项减排技术，采用新工艺、新材料、新技术改进落后工艺、技术和装备，力争用3~5年时间使大中型企业工艺技术装备基本达到国内同行业先进水平。加速节能环保产业发展。建立以企业为主体、产学研相结合的节能减排创新与成果转化体系，培育一批拥有自主知识产权和自主品牌、具有核心竞争能力的节能环保产品和企业，为节能减排提供技术和装备保障。完善节能环保技术创新体系。加强节能减排技术人才培养，加快节能减排技术中心和重点实验室建设，逐步建立政府指导下以企业为主体、市场为导向、多种形式的产学研战略联盟，不断提高技术研发、制造、系统集成和产业化能力。

5. 强化对标行动

制定高耗能行业能效指南。发布并适时修订高耗能行业主要工序、主要产品能耗的国际国内和省内先进值及限额值，指导各企业明确其能耗水平在行业中所处位置，为其合理选定对标标杆提供依据。开展"能效领跑企业"创建活动。在钢铁、水泥、电力、玻璃、煤炭、焦化、合成氨、烧碱等8个行业开展"能效领跑企业"创建活动，选择管理优、指标好的企业进行重点培育，采取制订方案、规范管理、集中扶持等措施，使其能效指标达到省内第一，并授予"能效领跑企业"荣誉称号，引领其他企业对标追赶，带动行业整体能效水平的提高。"能效领跑企业"实行动态管理，每年评定一次。加大实施推进力度。指导重点企业研究制定对标行动实施方案，明确追赶对象、路线图和时间表，狠抓对标措施的落实，力争用3~5年时间，重点行业70%以上的企业能耗和排放指标要达到国内或国际先进水平。把企业对标行动实施情况作为节能、环保监察重要内容，加大监督监察力度。对措施不力、进展不快的企业责令限期整改，整改期间，有关部门在财政资金、项目建设、要素保障等方面不予支持，并提高企业贷款风险等级，取消企业及法人代表各种评先表彰资格。对整改后仍达不到省内限额标准的，列入淘汰落后产能名单。

6. 强化依法监管

完善制度建设。适时修订节约能源条例、节能监察办法和节能评估审查办法，逐步制定完善其他有关节能减排的地方性法规、政府规章和规范性文件。抓紧制定标准、完善节能环保标准体系，组织制（修）订粗钢、铁合金、焦炭、多晶硅、纯碱等高耗能产品强制性能耗限额标准和高耗能设备地方强制性能效标准，完善环境质量标准和重点行业污染物排放标准，建立满足氨氮、氮氧化物控制目标要求的排放标准。加强监督检查。依法开展节能减排监察和检查，组织开展节能监察、污染减排专项行动，规范企业用能排污行为。对超标准限额用能企业执行惩罚性电价，对超标准限额排污企业加倍征收排污费。加强环保设施运行监管，重点监控企业要安装运行管理监控平台和污染物排放自动监控系统，定期报告运行情况及污染物排放信息。加强城市污水处理厂监控平台建设，实施运行和污染物削减评估考核，考核结果作为核拨污水处理费的重要依据，对污水处理不达标、设施运行不正常、污泥处置不规范等行为，依法予以处罚。

7. 强化能力建设

完善节能监察体系。充实力量，加强人员培训，健全覆盖全省的节能管理、监察、服务"三位一体"的节能管理体系。开展能源管理师试点，重点用能企业重要岗位必须配备能源管理师。以钢铁、石化、建材等行业为重点，加快企业能源管理中心建设，完善企业节能决策、管理、技术等支撑体系。完善统计制度。加强能源生产、流通、消费统计，建立和完善建筑、交通运输、公共机构能耗统计制度，实行规模以上工业企业能源消费月报制度。加强氨氮、氮氧化物统计监测能力建设。建立农业源和机动车统计监测指标体系。提高统计的及时性和准确性，保持节能减排数据的一致性。完善能源计量体系。推动重点用能单位健全能源消耗计量手段，按照规定配备使用能源计量器具。在重点用能单位实施能源利用状况在线监测工程，建立能源计量器具管理及能源利用状况信息数据库。推进环境监管机构标准化。提高污染源监测、机动车污染监控、农业源污染检测和减排管理能力，建立健全省、市级减排监控体系，加强人员培训和队伍建设。

8. 强化全民参与

加强宣传教育。充分发挥新闻媒体作用，大力宣传节能减排的政策措施和先进典型，定期向社会公布节能减排责任单位、目标要求、完成时限，充分发挥社会和舆论的监督作用，促进节能减排扎实开展。开展全民节能减排专项行动。动员全社会积极参与节能减排，开展家庭社区、青少年、企业、学校、军营、农村、政府机构、科技、科普和媒体等 10 个节能减排专项行动，倡导文明、节约、绿色、低碳的生产方式、消费模式和生活习惯。抓好典型示范。组织开展节能减排模范先进评比表彰活动，树立一批节能减排模范单位和标兵，发挥其带动作用，在全社会形成人人关心、人人参与节能减排的良好环境和浓厚氛围。

3.2.2　河北省节能降耗取得的成效

1. 节能减排实现路径

（1）结构节能减排。

把产业结构调整作为推进节能减排工作的根本举措，通过结构调整实现节能 3150 万吨标煤，结构节能占比达到 47.6%，比"十一五"提高 39.2 个百分点；实施水污染物结构减排项目 200 个，形成削减化学需氧量 1.81 万吨、氨氮 7.06 万吨能力，实施大气污染物结构减排项目 640 个，削减二氧化硫 4.31 万吨、氮氧化物 2.76 万吨能力。一是合理调整三次产业比重。2015 年末，全省 GDP 中第三产业增加值比重提高 4 个百分点，第二产业比重下降 1 个百分点。着力优化工业结构，直到 2015 年六大高耗能行业增加值占规模以上工业比重下降 5 个百分点；力促低耗能、低排放行业快速发展，到 2015 年高新技术产业、装备制造业增加值占规模以上工业比重分别提高 10.2 和 6.8 个百分点。二是加快淘汰落后产能。落实《产业结构调整指导目录（2011 年本）》和《部分工业行业淘汰落后生产工艺装备和产品指导目录（2010年本）》，坚定有序淘汰电力、钢铁、建材、造纸、印染、氮肥、制革等行业落后产能、装备以及国家明令淘汰的落后电动机、变压器等耗能产品，关闭小煤矿、小化工等"五小"企业，减少能源消耗1538万吨标煤。三是大力优化能源结构。加快发展风能、太阳能、生物质能等绿色能源，实施煤炭资源清洁综合利用工程，加大天然气、煤层气等清洁能源使用力度，进一步优化能源结构，提高低排放、低污染、高热值清洁绿色能源比重，着力推进社会用能方式变革，到2015年非化石能源消费比重提高6%。

（2）工程节能减排。

下大力谋划、建设、投入运行一批重点项目，将直接节能减排量落实到每一个项目上。"十二五"阶段全省实施节能技改项目2500项以上，实现节能2100万吨标煤；实施重点减排工程1000项，形成削减化学需氧量35万吨、氨氮5万吨、二氧化硫30万吨和氮氧化物38万吨的减排能力。一是围绕产业谋项目。用先进适用技术和高新技术实施节能改造，提升产业装备水平，将锅炉（窑炉）、电机、风机、变压器等高耗能设备改造一遍，基本实现高炉、转炉、电炉、窑炉和化工余热全利用。二是依据规划抓项目。对列入规划的节能减排项目，在项目审批、资金安排、土地配置等方面重点支持。实行季度调度、半年通报、年度考核制度，促其早竣工、早投产，确保每年竣工投入运用节能技改项目500项、重点污染减排项目200项以上，项目节能能力占全年节能量比例达30%以上。三是依托项目抓推广。引导企业优先采用《国家重点节能技术推广目录》和《国家鼓励发展的重大环保技术装备目录》中推荐的先进适用技术和装备。建立节能减排专家库，加强技术遴选和评定，重点推广节能技术70项、减排技术55项。

（3）管理节能减排。

实行科学化、精细化管理，将节能减排任务分解落实到各地各企业，做到工作全覆盖、指标全量化、责任全落实，"十二五"期间实现管理节能 1370 万吨标煤；削减化学需氧量 3 万吨、氨氮 0.5 万吨、二氧化硫 15 万吨和氮氧化物 8 万吨。一是推行精细管理。按照能耗排污总量逐级分解，按照能耗排污标准精益生产，按照时间进度精确算账，做到总量不超限定指标、单耗不超限额标准、时间不超规定要求。二是完善制度管理。全面建立并完善科学决策制度、运行管理、绩效监督和问责奖惩制度，重点耗能排污企业全部建立能源管理体系（GB/T 23331）和完备有效的节能减排管理制度。三是强化信息管理。建立并完善省、市、县三级节能监察管理信息平台，年耗能 5000 吨标煤以上的重点耗能企业全部纳入信息化管理系统。"千家"环保重点监控企业全部建立环境监测和污染监控信息系统，实现数字化、视频化，并与省监控中心联网，实行全程监管，企业自控设施在线率由 2010 年的 70% 上升到 85%。

2. 各领域节能减排效果

（1）工程领域。

以冶金、电力、建材、石化、化工、煤炭等六大高耗能行业为重点，严格能源消费总量和污染物排放总量控制，严格能耗排污限额标准管理，严格政策法规激励约束，倒逼企业调整产品结构、优化生产力布局、提升装备技术水平，促进能源资源集约节约利用和污染物的集中治理。到 2015 年，全省规模以上工业企业万元增加值能耗比 2010 年下降 22% 以上，化学需氧量、氨氮、二氧化硫和氮氧化物排放量分别削减 15%、15%、25% 和 30% 以上。

1）钢铁。按照"一减双提"（淘汰落后和提质提效）的要求，延伸产业链条，优化产业布局，提高装备水平，淘汰落后产能，开展综合利用，发展循环经济，努力实现产品高端化、装备大型化、生产连续化、用能高效化。重点推广焦化煤调湿、干熄焦余热发电、烧结余热回收、高炉鼓风除湿节能技术、低热值高炉煤气燃气－蒸汽联合循环发电、转炉煤气干法除尘、转炉煤气余热回收、电炉烟气余热回收利用系统技术、轧钢加热炉蓄热式燃烧等重点节能环保技术。单台烧结面积90平方米以上的烧结机及所有球团生产设备实施烟气脱硫，综合脱硫效率达到70%以上；已安装脱硫设施但不能稳定达标排放的、实际使用原料硫分超过设计硫分的、部分烟气脱硫的，全部进行脱硫设施改造。单台180平方米以上的烧结机建设烟气脱硝示范工程。新建烧结机配套安装脱硫脱硝设施。到2015年，实现节能418万吨标煤；全省单位粗钢产品二氧化硫排放量降到1.8千克以下，氮氧化物排放量降低15%以上，削减二氧化硫、氮氧化物排放15.65万吨、8.72万吨。

2）电力。实施"上大压小"政策，加快大容量、高参数燃煤机组和新能源发电项目建设，鼓励建设高效燃气联合循环电站，积极推进热电联产和资源综合利用发电项目建设加强电力企业污染治理，淘汰小火电机组；示范整体煤气化联合循环（IGCC）发电和以煤气化为龙头的多联产电站，推广分布式能源，加快分布式天然气能源示范项目建设，开展智能电网试点；加快现役机组和电网节能技术改造，进一步降低厂用电率、输配电线损失；推进节能发电调度，优化配置电力资源，提高发电效率；加强电力需求侧管理，提高电能使用效率。每年重点组织实施60个电力需求侧管理项目。重点推广燃煤锅炉气化微油或等离子煤粉点火、电站锅炉空气预热器柔性接触式密封技术、电站锅炉用邻机蒸汽加热启动技术、汽轮机组运行优化技术、汽轮机通流部分现代化改造、纯凝汽轮机组改造实现热电联产技术、凝汽器真空保持节能系统技术、汽轮机汽封改造、凝汽器螺旋纽带除垢装置、锅炉低氮燃烧技术、电除尘器节能提效控制技术、布袋除尘器及风机运行优化等重点节能减排技术。未安装脱硫设施的燃煤机组，全部建成运行烟气脱硫设施，综合脱硫效率达到 85% 以上；已安装脱硫脱硝设施不能稳定达标运行的或实际燃煤硫分超过设计硫分的，实施脱硫脱硝设施改造；现役燃煤机组未采用低氮燃烧技术或低氮燃烧效率差的全部进行低氮燃烧改造，单机容量 20 万千瓦及以上的现役燃煤机组实施烟气脱硝改造，综合脱硝效率达到 70% 以上。发电燃煤机组脱硫烟气旁路全部拆除。新建燃煤机组全部安装脱硫脱硝设施，烟气脱硫设施按照规定一律不得预留烟气旁路。到 2015 年，全省燃煤火电企业实现节能 250 万吨标煤；分别减少二氧化硫、氮氧化物排放 3.65 万吨、18.29 万吨，排放总量得到有效控制。

3）建材。加快节能玻璃、平板显示玻璃、汽车玻璃、太阳能玻璃等新型玻璃产业发展，推进玻璃生产线余热发电。加快发展新型墙体材料，提高新型墙体材料所占比重。加强建筑卫生陶瓷品牌建设，推动陶瓷产业整合重组，基本淘汰水泥、玻璃等落后产能，严格控制产能过剩。重点推广利用水泥窑协同处置城市垃圾和污泥、高效节能粉磨和收尘、四通道喷煤燃烧、稳流行进式水泥熟料冷却、水泥窑纯低温余热发电、玻璃全氧或富氧燃烧、玻璃熔窑余热发电、LOW－E 节能玻璃、预混式二次燃烧节能和直燃式快速烘房等重点节能减排技术。所有煤矸石砖瓦窑实施脱硫，规模大于 70 万平方米/年且燃料含硫率大于 0.5% 的建筑陶瓷窑炉安装脱硫设施或改用清洁能源（液化石油气、天然气），所有浮法玻璃生产线实施烟气脱硫或改用天然气，脱硫设施的综合脱硫效率达到 60%；新建、改扩建和现有日产大于 2500 吨熟料新型干法窑生产线实施低氮燃烧技术改造和烟气脱硝，综合脱硝效率不低于 30%。到 2015 年，实现节能 145 万吨标煤，削减氮氧化物排放 3.27 万吨，新型墙体材料比重达到 65% 以上。

4）石化。按照"上游抓能力、下游抓链条"的思路，加快产业结构调整，在扩大原油加工综合能力的同时，注重谋划建设大型化工原料深加工项目，实施炼化一体化发展，提高石化行业附加值，加强循环化工园区建设，提高原料、产品和公用工程上下游的互供水平。关停淘汰低效低质落后炼油装置，防止以沥青、重油加工等名义新建炼油项目；原油开采行业全面实施抽油机驱动电机节能改造和放空天然气回收液化工程，加强炼化企业系统化和集成化技术改造。重点推广不加热集油、采出水余热回收利用、油田伴生气回收、大型高参数板壳式换热技术、塔顶循环回流换热、超声波在线防垢技术等重点节能减排技术和高效换热设备、流程。新建、改扩建和现有石化行业催化裂化装置要配套建设再生烟气脱硫设施。到 2015 年，实现节能 15 万吨标煤，削减二氧化硫排放 2.5 万吨。

5）化工。围绕煤气化、液化、焦化三条主线，坚持控制总量、淘汰落后，发展循环经济；加大合成氨、纯碱、烧碱等传统优势产业升级改造力度，坚决淘汰氮肥、农药、氯碱等行业落后产能；加快发展精细化工产品。重点推广先进煤气化节能技术、节能高效脱硫脱碳、合成氨低位能余热吸收制冷、氨合成回路分子筛、水溶液全循环尿素节能生产工业技术、新型高效节能零极距离子膜电解技术、纯碱蒸汽多级利用、新型变换气制碱、新型盐析结晶器、氯化氢合成余热利用技术、炭黑生产过程余热利用和尾气发电技术等重点节能减排技术。到 2015

年，实现节能 23 万吨标煤，削减二氧化硫、氮氧化物排放 1.2 万吨、0.8 万吨。

6）煤炭。提升煤炭开采技术装备水平，提高煤炭资源回采率和回收率，推动煤炭产业与下游产业的合理布局和有效衔接，加快开发利用煤层气，深入实施煤矿节能技术改造，加强工序能耗管理，选煤废水实现闭路循环。推广煤炭清洁利用，原煤入洗率达到 65% 以上。发展煤炭地下气化、脱硫、水煤浆、型煤等洁净煤技术，加强煤矸石综合利用。重点推广低浓度瓦斯发电、矿井乏风和排水热能综合利用技术、低真空供热、新型高效煤粉锅炉系统技术、选煤厂高效低能耗脱水设备等重点节能减排技术。到 2015 年，实现节能 58 万吨标煤，削减二氧化硫、氮氧化物排放 0.5 万吨、0.8 万吨。

（2）建筑领域。

新建建筑严格执行强制性建筑节能标准，实行规划、设计、建设、验收、销售、保修等全过程闭合管理，确保设计、施工阶段建筑节能标准执行率达到 100%。严格建筑节能专项验收，达不到节能标准的不得通过竣工验收，强制进行整改。加快既有居住建筑供热计量及节能改造。落实热计量收费制度，所有新竣工建筑和完成热计量改造的既有建筑，全部实行热计量收费。推动可再生能源与建筑一体化应用，新建可再生能源建筑规模化应用比例达到 38% 以上。开展绿色建筑行动，每个设区市建成三个以上、每个县级市建成一个以上绿色建筑示范小区。推进国家机关办公建筑及大型公共建筑能耗统计、能源审计和能效公示工作，完善全省能耗监测系统，实施能耗限额管理，鼓励建筑采用智能化控制系统。到 2015 年，全省城镇节能建筑在建筑面积中占比提高 10 个百分点，实现节能 450 万吨标煤。

（3）交通领域。

加快构建便捷、安全、高效、低碳的综合交通运输体系，优先发展公共交通，加快轨道交通和快速公交建设，优化配置交通资源，开展低碳交通城市试点。组织"车船路港"千家企业低碳交通运输专项行动，推行甩挂运输和不停车收费。出台《河北省机动车氮氧化物总量减排实施方案》，提高机动车氮氧化物排放准入门槛，实施营运车辆燃料消耗量限值标准，全面推行机动车环保标志管理。严格实施第四阶段机动车排放标准，加快实施第五阶段排放标准，加快提升车用燃油品质和实施油品替代。在道路交通和城建项目中，加强机动车排放对环境影响的评估审查。严格实施机动车一致性检查制度，不符合第四阶段（含）机动车排放标准的车辆禁止注册登记和转入。推广节能与新能源汽车，加快电动汽车充电设施建设。制定淘汰老旧汽车、机车、船舶的标准，制定激励补贴政策和淘汰黄标车的时间表，2015年年底前全部淘汰2005年以前注册的运营黄标车，开展老旧车辆提前退出运输市场试点。实施高排放黄标车限行工作，2013年年底前全部设区市主城区黄标车限行。大力发展电气化铁路，推行节能调度，加强大型客运站能耗综合管理。优化港口布局，推进港口码头节能设计和改造，加快实施船型标准化，鼓励船舶使用清洁替代能源。加强机场建设和运营节能管理，推进高耗能设施、设备的节油节电改造。到2015年，实现节能150万吨标煤，削减氮氧化物排放8.5万吨。

（4）农村领域。

完善农机节能标准体系，制修订农用机械技术标准，更新报废标准和维修标准。推广使用节能型机械、设备和渔船。推行农业机电设备节能改造，促进高能耗、高排放农业机械和老旧渔船更新换代，加快淘汰老旧农用机具，加强用能设备定期维修保养。严格大型农机的年检、年审。推进农村节能型住宅建设，因地制宜发展小水电、风能、太阳能、秸秆气化集中供气系统，推广省柴节煤灶，建设户用（联户）沼气 50 万户。推广生物质炉 20 万户。治理农业面源污染，加强农村环境综合整治，实施"以奖促治"和"以奖代补"政策，推进农村生态示范建设标准化、规范化和制度化。实施农村清洁工程，以"一站三池"建设为主要内容，因地制宜建设农村生活污水、生活垃圾、人畜粪便、作物秸秆、农业投入品包装袋瓶等生产生活废弃物无害化处理和资源化利用设施，大力推广测土配方施肥和病虫害综合控制技术，提倡使用高效、安全、低毒农药，实现田园、家园和水源清洁。鼓励生活垃圾统一分类收集、集中安全处理，城镇周边和环境敏感区的农村逐步推广"村收集、乡转运、县处理"的城乡一体化垃圾处理模式。到 2015 年，农业万元增加值能耗比 2010 年下降 12%，实现节能 90 万吨标煤，削减化学需氧量、氨氮排放 1.5 万吨、0.5 万吨。

（5）商用民用。

大力推进商业、旅游、餐饮等行业节能减排，加快节能技术改造步伐。开展零售业节能减排行动。宾馆、饭店、商场、超市和机场、车站等要积极采用节能、节水、节材型产品和技术，减少使用一次性用品。大力创建国家绿色饭店。严格执行公共建筑空调温度控制标准。鼓励消费者购买节能环保型汽车和节能型住宅，推广高效节能家用电器和高效照明产品。2015年商贸流通业单位营业收入能耗比 2010 年下降 15%。

（6）公共机构。

加快公共机构既有建筑节能改造，完成办公建筑节能改造 150 万平方米；新建建筑严格实施建筑节能标准，大力推广新能源和可再生能源在建筑中的应用。积极推动公共机构既有建筑率先实施供热计量改造和按热量收费。推进公务用车制度改革，严格用车油耗定额管理，实行单车能耗核算和节能奖励。组织实施公共机构百家示范单位创建、绿色照明、节水、零待机能耗、资源综合利用等工程。建立完善公共机构能耗统计、能源审计、能效公示和能耗定额管理制度，加强能耗监测平台和节能监管体系建设。积极推进公共机构实施合同能源管理项目。到2015年，公共机构人均能耗下降实现节能量61.63万吨标煤；单位建筑面积能耗下降实现节能量49.31万吨标煤。

3. 节能减排重点工程的成效

（1）"双三十"节能减排示范工程。

在巩固深化已有"十一五"和"双三十"节能减排工作基础上，重新筛选单位能耗高、排放总量大、示范作用强的30个重点县（市、区）和30家重点企业，继续深入实施"双三十"节能减排示范工程。对新老"双三十"单位全部由省统一推进、调度和考核，考核结果纳入干部绩效考核，严格兑现既定奖惩措施，督导各单位切实加大工作力度，确保完成目标任务。到2015年，"双三十"重点县（市、区）万元GDP能耗比2010年下降18.7%，累计实现节能量3782万吨标煤；"双三十"单位削减化学需氧量6.85万吨、氨氮0.73万吨、二氧化硫12.01万吨、氮氧化物12.72万吨。

（2）"双千"企业节能减排工程。

选择"千家"年耗能5000吨标煤以上的重点耗能企业和"千家"国控、省控重点污染物排放企业，实施"双千"企业节能减排工程，分解节能减排目标任务，制定节能减排实施方案。组织"千家"重点耗能企业开展能源审计，编制节能规划，加快改造步伐。对"千家"环保重点监控企业实施全程监管，严格执行行业排放标准和清洁生产标准；引导开展自愿性清洁生产审核，依法开展强制性清洁生产审核，鼓励企业创建资源节约型、环境友好型示范企业。分解下达"双千"企业节能减排任务，加强督导检查，落实目标责任，实施年度考核，并向社会公布，严格问责奖惩。力争"十二五"千家重点节能企业实现节能量 2000 万吨标煤以上；千家污染减排重点企业分别形成化学需氧量、氨氮、二氧化硫、氮氧化物减排能力 2.6 万吨、0.5 万吨、6.3 万吨、32.5 万吨以上。

（3）节能技术改造工程。

实施节能 5000 吨标煤以上重点项目 660 项，形成年节能能力 1130 万吨标煤。开展锅炉（窑炉）改造、热电联产改造等六个节能技改专项。

1）锅炉（窑炉）改造专项。实施燃煤锅炉节能改造和锅炉房系统更新改造，提高锅炉热效率和运行管理水平，推动供热管网、换热站节能改造。

2）热电联产改造专项。加快中心城市建设单机容量 30 万千瓦级及以上热电联产机组步伐，大城市基本实现集中供热，中小城市发展背压式热电或集中供热改造，到 2015 年，全省新增热电联产发电装机容量 1050 万千瓦·时，与分散小锅炉相比，供热标煤耗降低 10 千克/吉焦。

3）电机系统改造专项。采用高效节能电动机、风机、水泵、变压器等，更新淘汰落后耗电设备；对电机系统实施变频调速、永磁调速、多功能补偿等节能改造，优化系统运行和控制，提高系统整体运行效率。开展大型水利排灌设备、电机总容量 10 万千瓦以上电机系统示范改造。到 2015 年，电机系统运行效率比 2010 年提高 2～3 个百分点。

4）能量系统优化专项。加强电力、钢铁、水泥、玻璃、合成氨、炼油等行业企业能量梯级利用和能源系统整合改造，开展汽轮机组通流改造、冷却塔循环水系统优化、冷凝水回收利用等，优化蒸汽、热水等载能介质管网配置，深入挖掘系统节能潜力，促进系统能源利用率明显提高。优化计算机系统用能，推广应用节能计算机、电源、空调器等系统设备。

5）余热余压利用专项。大力推进余热余压利用，促进低热值余热余能高效转换。能源行业实施煤矿瓦斯、油田伴生气回收利用项目；钢铁行业实施干法熄焦、炉顶压差发电、烧结机余热发电、燃气－蒸汽联合循环发电项目；建材行业实施新型干法水泥余热发电、玻璃熔窑余热发电项目；化工行业实施炭黑余热利用、硫酸生产低品位热能利用项目，新增余热余压发电能力150万千瓦。

6）替代石油专项。实施玻璃窑炉全氧燃烧和富氧燃烧、炼油含氢尾气膜法回收等节能改造，鼓励以洁净煤、石油焦、天然气替代燃料油，因地制宜推广醇醚燃料、生物柴油等车用替代燃料，实现年节约和替代石油100万吨。

（4）"3255"循环经济示范工程。

抓好固体废物综合利用、"城市矿产"示范基地、再制造示范企业、餐厨废弃物资源化试点工作，实现减量化、再利用、资源化。大力推进3个循环经济示范市、20个示范县、50个示范园区和50个示范项目建设。到2015年，全省工业固体废弃物综合利用率达到70%左右。

（5）既有建筑节能改造工程。

建立各类既有建筑基本信息和建筑能耗空间数据库。坚持供热系统节能改造与既有建筑节能改造配套进行，推进建筑围护结构节能、建筑室内采暖系统热计量及温度调控、热源及管网热平衡改造。到2015年，全省完成既有住宅改造面积5000万平方米以上，占具备改造价值老旧住宅面积的35%以上，各设区市达到节能 50% 强制性标准的既有建筑基本完成供热计量改造。

（6）节能产品惠民工程。

推广高效照明产品，逐步淘汰普通照明用白炽灯等低效照明产品，"十二五"期间推广高效照明产品 2000 万支，重点支持城市道路、企业照明系统改造，支持半导体照明产业发展；逐步扩大节能产品惠民工程实施范围，民用领域重点推广节能平板电视、变频空调、热水器、家用电冰箱、洗衣机、机顶盒、节能与新能源汽车等，商用领域重点推广高效打印机、计算机显示器、单元式空调器等，工业领域重点推广高效电动机、通风机、电力变压器、交流接触器和容积式空气压缩机等产品。同时，完善节能产品惠民工程实施机制，健全组织管理体系，强化监督检查。到 2015 年，实现节能 25 万吨标煤。

（7）污水垃圾处理及配套设施建设工程。

加快城镇污水处理设施建设，按照"完善、提升、延伸"的思路，进一步加快设施建设，强化运行管理，实施污水处理项目 220 项，其中新建污水处理项目 101 个，升级改造项目 119 个，新增污水处理能力 145 万吨/日，新建配套管网 4528 千米，确保完成纳入国家《"十二五"污水处理设施建设规划》项目；加快城镇垃圾处理设施建设，实施垃圾处理项目 41 项，新增垃圾转运站 1539 座；推进城市污水处理厂污泥处理处置设施建设，鼓励工业过程协同处置城市生活垃圾和污泥，填埋场渗滤液全部得到有效处理。到 2015 年，全省城市污水处理率达到 90% 以上，管网覆盖率达 80% 以上，再生水利用率达 30% 以上；污泥无害化处理率达到 60%，省会生活垃圾无害化处理率达到 95% 以上，其他设区市达到 90% 以上，县（市）城区不低于 80%。形成削减化学需氧量 24.98 万吨、氨氮 3.65 万吨的能力。

（8）重点行业、流域水污染防治工程。

强化重点行业水污染防治围绕电力、钢铁、建材、化工、造纸、印染、食品加工七大高耗水、高污染行业，加大水污染深度治理和工艺技术改造，提高废水回用率；鼓励实施节水新技术新工艺，减少用水总量；着力提高电力、钢铁、建材行业水循环利用率，到2015年分别达到100%、98%和98%；化学原料及化学制品制造业新增日污水处理能力9.79万吨，石油加工及炼焦业新增日污水处理能力0.68万吨；大中型造纸企业、有脱墨的废纸造纸企业要实施污水深度处理，新增日处理能力11.82万吨，制浆造纸企业要加快建设碱回收装置，到2015年河北省黑液平均提取率达到90%；印染行业有碱减量工艺的化纤布印染企业实施三级深度处理，新增日处理能力3.3万吨；食品加工行业新增日污水处理能力3.75万吨；到2015年，七大重点行业分别削减化学需氧量和氨氮量15%以上。

加强重点流域水污染治理。实施海河流域和饮用水水源地综合治理，推进秦皇岛、唐山、沧州沿海海域水环境综合整治。围绕工业点源治理、重金属污染治理、尾矿和废渣综合整治，实施污染治理重点项目60个，形成削减化学需氧量排放3.8万吨、氨氮1.5万吨的能力。

（9）烟气脱硫脱硝工程。

提高电力行业脱硫脱硝能力，到2015年，全省79台总装机为2753万千瓦的燃煤机组全部安装烟气脱硝设备；推进电力企业脱硫设施运行规范化建设，对两炉一塔、设计硫分过低、烟气自动监控系统测点不规范，以及现役燃煤机组采用石灰石—石膏法等湿法脱硫，烟气排放不能稳定达标的企业，2013年年底完成脱硫设施改造。装机30万千瓦及以上62台火电机组，2012年年底现有脱硫设施烟气旁路拆除率要达到50%，2013年脱硫设施烟气旁路全部拆除。加快企业自备电厂、热电燃煤机组脱硫设施改造，采用循环流化床燃烧工艺的燃煤机组，全部进行炉内喷钙改造，实现自动添加脱硫剂。加强钢铁行业烟气治理，列入计划的 82 台烧结机和球团生产设备实施烟气脱硫，40 台 180 平方米以上的烧结机建设烟气脱硝设施。推进建材行业降氮脱硝，现有日产大于 2500 吨熟料新型干法窑生产线实施低氮燃烧技术改造和烟气脱硝。石化行业催化裂化装置要配套建设再生烟气脱硫设施，现有硫黄回收装置回收率要达到 99%。加强大中型燃煤锅炉烟气治理，规模 35 吨/时以上燃煤锅炉实施烟气脱硫改造，脱硫效率达到 70% 以上。到 2015 年，全省新增二氧化硫、氮氧化物削减能力 24.86 万吨、39.64 万吨。

（10）规模化畜禽养殖污染防治工程。

以集约化养殖场和养殖小区为重点，实施粪尿分离的干清粪模式，建设雨污分离污水收集系统、尿液及冲洗污水厌氧发酵处理设施，粪渣和沼渣通过堆肥发酵生产肥料。在养殖场周围的农田区域配套建设分布式粪污贮存设施，鼓励对养殖废弃物统一收集，集中治理。加强规模化养殖场沼气发酵装置、预处理设施、沼气和沼肥利用设施建设。对小型规模养殖场或散养户比较集中的地区，分片建设集中处理设施，对畜禽粪便实行统一收集、处理和利用。到 2015 年，全省 80% 以上规模化畜禽养殖场和养殖小区配套完善固体废物和污水贮存处理设施，分别新增化学需氧量和氨氮削减能力 9.11 万吨、0.59 万吨。

3.2.3 节能减排发展的总体趋势

21 世纪以来河北省 GDP 和能源消耗总量增长迅速，总产值从 2001 年的 5516.76 亿元到 2010 年的突破 2 万亿元大关，增速大约每年 1.5%。而能源消耗总量从 2001 年的 12000 多万吨标准煤按每年大约 9% 的速度增长，到 2010 年已达 27531.11 万吨标准煤，是 2001 年的 2.27 倍。在工业快速发展时期，保证能源供给、解决能源增长速度过快问题，是河北省节能减排工作一定要考虑的。

2014 年河北省单位 GDP 能耗 1.02 吨标准煤/万元，同比下降 7.19%，"十二五"前四年单位 GDP 能耗分别下降 3.69%、6.46%、4.73% 和 7.19%，累计下降 20.3%。2014 年，河北省用电量始终呈低速增长的态势，与 2013 年同期各月相比增速明显回落。全年全社会用电量 3314.11 亿千瓦·时，同比增长 1.94%，与上年相比增速回落 3.69 个百分点。第一产业、第三产业、居民用电继续保持同比增长，占全社会用电 3/4 的第二产业用电量同比下降 0.16%。全年工业用电量 2489.3 亿千瓦·时，由上年的同比增长 5.27% 转为下降 0.21%。

六大高耗能行业能耗全面下降，能耗 1.85 亿吨标准煤，同比下降 3.76%，拉动规模以上工业能耗下降 3.4 个百分点。六个行业全部同比下降，黑色金属冶炼和压延加工业下降 2.93%，非金属矿物制品业下降 4.78%，电力热力的生产和供应业下降 2.83%，石油加工炼焦及核燃料加工业下降 15.73%，煤炭开采和洗选业下降 8.72%，化学原料和化学制品制造业下降 1.36%。

河北省是一个资源消耗大省，但是河北省的能源消耗强度却普遍高出其他各省市能源消耗强度，说明河北省能耗工作虽有成绩，但还是有很大差距，需要改进的地方还有很多。

3.3 节能减排发展缓慢原因分析

3.3.1 我国节能减排发展缓慢原因分析

虽然节能减排已经取得了很大的成效，但是仍然有诸多因素制约着节能减排的发展。其主要原因如下：

1. 国家节能减排与地方经济发展的目标相悖[58]

中央提出要转变经济增长方式，适度控制经济增长速度，促进经济结构转变，实现资源、环境与经济社会的协调发展；而在地方，仍存在层层放大 GDP 增速、单纯追逐 GDP 增长并互相攀比的现象，追求"跨越式"发展的政绩和在全国中的排序，追逐建设工业强省、工业强市。越是基层，对上项目、追求高增速的积极性和盲目性越高，而对节能减排越不重视。这就造成了地区之间盲目攀比，强调本地区的特殊性，而且强制推行指标分解、责任到人、全员招商，以致低水平的重复建设、重复生产愈演愈烈，使该淘汰的高消耗、高污染的落后设备和工艺不仅没有淘汰，而且又新增加一大批高耗能、高污染的重化工业。一些地方政府为了追求过高的速度，对中央的宏观调控阳奉阴违，对环保部门的环评和环保执法消极抵制，与国家加快转变增长方式的指导方针相悖。

2. 节能减排的市场化手段和经济措施缺乏[58]

当前，我国推进节能降耗的市场化手段和经济性措施的缺乏是节能降耗工作在调控手段方面存在的重大问题。推动节能减排的市场化手段和经济性措施包括政府财政投入、金融扶持、价格形成机制和税收等方面。开展节能减排工作需要政府强有力的政策和资金支持，但目前有关扶持政策，如鼓励资源综合利用、进行清洁生产、淘汰落后产能等力度不够大；政府部门的资金支持力度也不够。成本价格形成机制不完善，是中国目前节能减排进展缓慢的最大原因之一。在成本与价格形成机制中，资源短缺和环境污染没有得到充分反映。税收方面同样存在问题，近年来，我国虽然在增值税、企业所得税、消费税、资源税、出口退税等方面陆续出台了 30 多项旨在促进能源资源节约和环境保护的税收政策，但缺乏总体把握和系统考虑，针对节能减排的税收政策还比较零星、分散，税收在鼓励和促进新能源和可再生能源的发展，以及节能、环保技术、产品设备的研发、生产和使用等方面，无论是覆盖范围还是支持力度都还有相当的差距。同时，我国与使用能源相关的财税法规大都体现在消费税、增值税，以及资源税等税种中，并且只是作为其中的税目来体现，对能源耗费行为的调控大多还是通过收费的形式进行，这既不利于发挥税收制度对节能减排工作的引导和促进作用，也不利于全社会节能意识的普遍提高。

3. 分税制的不完善导致了我国产业结构的不合理[13]

根据研究，合理的财税政策有利于节能减排。然而，我国的节能减排财政政策效果并不显著，难以发挥应有的效应。我国实行的分级财税制度使得政府官员缺乏节能减排的动力。分权财税制度规范了各级政府之间的财权分配，也巩固了地方政府发展经济的积极性，但在一定程度上扭曲了中央政府对地方政府行为的激励。分税制改革造成中央政府与地方政府之间的财权事权不对应，中央政府在上调财权的同时并没有上调事权，这为地方政府带来很大的财政压力，为了缓解财政上的压力，地方政府必然通过发展工业和引进外商投资来增加财政收入，从而忽视了环境保护和节能减排。在这种制度下，地方政府没有动力也没有能力进行节能减排。地方政府的财政收入主要来自于企业的所得税，为了增加财政收入，政府降低环境标准，引进高污染、高耗能的企业。当节能减排与企业的利益发生冲突时，政府优先考虑企业利益，节能减排的目标难以实现。

4. 社会发展对能源依赖性强[59]

中国的高能耗工业部门大都是国民经济的支柱产业，经济要发展、人民生活水平要提高，都还有赖于这些产业的基础性支持，在就业压力和税收压力较大的情况下，要在短期内实现产业结构的有序进退、淘汰落后产能、加快结构调整，仍存在难度。一方面，相当一部分工艺和装备落后、资源利用率低、环境污染重的中小企业的关停并转受到地方利益的保护。另一方面，不少地方和企业仍我行我素，争先恐后上项目，特别是重化工项目，对国家的相关规定置之不理。

5. 政策和投资的滞后效应[60]

虽然国家将节能降耗工作放到了一个前所未有的高度，但是政策实施效果，包括针对节能减排的投资发挥的作用，存在滞后期，一些投资还没有马上起到节能减排的作用。能源消耗总量的持续增长，又是重点污染物排放总量增加的主要原因。

6. 节能减排的工作与我国社会目前的发展阶段之间存在着较尖锐的矛盾

目前，中国正处于工业化加速发展的阶段。英国、美国和日本等发达国家的历史经验说明，在工业化进入加速发展的时期，工业化和经济发展的速度将加快，而能源消耗量将不断提升，温室气体和污染物排放将不断增加。

7. 我国以煤为主的能源结构将会成为制约节能减排工作开展的主要因素

我国是一个多煤炭少油气的国家，煤炭的储量占世界煤炭总储量的13%。这种资源偏多就注定了我国能源结构先天不合理，形成了以煤为主要能源的能源结构，而且这种能源结构在未来相当长的一段时间不会发生根本性的改变，这必然会制约我国节能减排的发展。

8. 社会各界对于节能减排工作的认识还不到位，这不利于节能减排工作全面实施

在现实中，很多认识不到位的问题逐步显现：个别地方政

府仍认为节能减排只是国家暂时的一个工作而已，还是会把经济增长放在首要位置，对于减排考核只是应付了事；而一些企业也抱着同样的想法：节能减排不就是面子工程！最后还是要看经济发展。于是在现实中，仍然是我行我素，弄虚作假，应付国家的检查；同时有些群众也没有认识到节能减排的重要性，认为这都是政府该做的事，和自己是没有任何关系的。这些想法非常不利于节能减排工作的开展，不利于实现可持续发展。

9. 只靠行政手段推动节能减排，节能减排综合机制还没有形成，不利于节能减排工作的有序开展

各地政府这种短期突击的做法，暴露出对于节能减排工作缺乏一种长效可行的运行机制。行政性的限制，虽然一时能显得数字好看，成绩喜人，但却不能从根本上解决和完成节能减排大方针。

10. 我国当前的总体科学技术水平，尤其是与节能减排有关的技术还很落后，成为制约我国节能减排发展的严重障碍

作为一个发展中国家，我国目前仍处于并将长期处于发展阶段，由于发展水平、能力的限制，目前能源生产和利用、工业生产等技术水平比较落后，技术开发和关键设备制造能力差，产业体系薄弱，与发达国家存在较大差距。同时，我国一些重点行业中的落后工艺所占比例仍然较高。这将极大地增加我国向低碳发展模式转变的成本，并给我国带来更大的压力。

11. 当前节能减排过程中，我国没有充分考虑区域发展的不平衡性，使得节能减排较难长期平衡发展

由于"十一五"期间这些欠发达地区也按照国家统一要求，大力开展减排工作，电厂建立了脱硫设施，建设了污水处理厂等，减排工作取得了很大的成绩。但往后走，到了"十二五"期间没有大的减排工程作为任务的支撑。如果节能减排不采取

分类指导、区别对待的原则，不给予欠发达地区政策、资金、技术方面的支持，这些地区的经济社会总体发展目标将受到根本制约。

3.3.2 河北省节能减排发展缓慢原因分析

1. 能源需求量大

其一，经济增长对能源依赖度高。长期以来，我省经济发展以资源型传统产业为主导。钢铁、建材、化工等高耗能行业的迅猛兴起为全省经济的发展做出了突出的贡献，同时也陡增了节能降耗的难度。虽然近年来随着能源利用效率一直提高，但能耗水平与全国平均水平相比明显偏高。2012 年，全省单位 GDP 能耗 1.216 吨标准煤/万元，比全国平均水平高出 59%，11 个设区市单位 GDP 能耗均在 1 吨标准煤/万元以上，均超过全省平均值。从工业行业内部看，2012 年，全省规模以上工业增加值能耗 1.802 吨标准煤/万元，六大高耗能行业增加值能耗 3.582 吨标准煤/万元，比工业平均水平高近一倍，其中电力行业 7.875 吨标准煤/万元，钢铁行业 3.845 吨标准煤/万元，建材行业 2.482 吨标准煤/万元，均明显高于全省平均水平。经济增长对能源资源高度依赖，导致能源约束不断加大，不利于全省经济的健康可持续发展。

其二，节能潜力狭窄。近几年来，依靠技术节能和管理节能所能带来的节能空间日趋缩小，随着全省各地全力开展淘汰落后产能、关停限产，"十一五"时期一大批不符合产业政策的落后产能已基本淘汰，各项措施已经到位，生产管理与技术改造等方面的潜力已基本挖掘，产品单耗和加工转换效率有些已接近全国最好水平，节能空间已经很窄，潜力有限。"十二五"以来，随着节能工作的深入推进，各项节能措施的持续实施，节能空间将日趋缩小，单位产品能耗的降幅越来越窄，技术节能降耗的难度将会不断加大，直接制约节能降耗进程。

2. 能源种类结构不合理

其一，煤炭比重过大。长期以来，由于煤炭等传统能源一直是消费的主体，保持以煤炭为主的能源消费格局，清洁能源和可再生优质能源的比重过低，能源消费结构不尽合理，对生态环境危害较大。以2012年为例，全省煤炭消费比重88.8%，远高于全国66.6%的平均水平。全省煤炭消费量达到3.14亿吨，由高到低在全国排第四位。虽然近年来煤炭占比出现缓慢下降的态势，但消费的绝对量却是持续上升。2012年，全省煤炭消费比上年净增加567万吨。与全国平均水平比较，河北省煤炭比重明显偏高。煤炭中含有的矿物杂质以及有害物，对自然环境造成严重破坏。以煤炭为主的消费结构与发达国家以油、气为主的能源消费结构差距明显，成为造成大气污染的主要原因。每年燃烧1亿吨煤就会产生120万吨二氧化硫、95万吨烟尘、提高PM2.5数据20个百分点，燃煤产生的粉尘和废气等污染物成为大气污染的主要来源，逐年排放增加对大气环境产生累积影响。因此，控制煤炭消费是大气污染防治的重要内容。

其二，清洁能源比重比较低。2011年，全国能源消费煤炭、石油、天然气和水电、核电的比重分别为68.4%、18.6%、5%、6.4%和0.8%。河北省天然气比重比全国低3.4个百分点。2012年，全省非化石能源比重仅为1.56%，水能、风能等可再生能源比重为1.8%，天然气、水能、风能等清洁能源比重仅为3.5%。

3. 经济结构不合理

其一，河北经济结构偏重。这主要是由工业发展的历史原因形成的。特殊的资源禀赋、薄弱的工业基础，相互叠加造成了畸形的工业布局。河北省具备发展高耗能行业的资源优势。河北省支柱产业一直是资源型行业，以钢铁行业为例，目前河北省钢铁产量排在全国首位，究其原因则是具备发展钢铁产业的三项优势：一是有丰富的矿产资源，如唐山、邯郸、承德都有一定品位的铁矿石。二是有丰富的煤炭资源，又邻近全国煤炭主产区（山西、内蒙古）。三是具备港口运输优势，如秦皇岛港、唐山港、黄骅港，方便运进运出。因此，钢铁工业的发展壮大有其客观必然性和合理性。

其二，第三产业相对薄弱。特有的资源和区位优势制约了产业结构。河北环绕京津的独特区位，制约了第三产业比重提高。由于河北与京津同处一个区域环境，地理、交通密切相连，近年来，河北省与京津产业间相互渗透、相互依托、优势互补，河北一些大企业依托京津的科研、市场、信息优势，将研发中心、销售窗口和公司总部迁到京津地区；京津的一些企业利用河北省的资源、土地和成本优势将原材料生产基地和科研产业化中心建在河北，实现了优势互补和双赢。

其三，工业发展支撑点单一。河北工业实力雄厚、支撑力强的重点行业少，钢铁行业占据主导地位，而山东、江苏、广东、浙江等沿海强省以电气机械及器材制造业、交通运输设备制造业、通信设备、计算机及其他电子设备制造业等高技术含量、高附加值行业为主。先进制造业特别是装备制造业发展水平低。河北装备制造业增加值占规模以上工业的18%，与沿海强省30%左右的水平尚有差距。基础行业多，结构层次低端化。优势行业主要集中在基础类装备制造领域，且以采矿设备、金属冶炼设备等钢铁相关产业为主；高加工度、高技术含量、高附加值行业发展严重不足。

其四，产业结构调整进展缓慢。当前，河北省经济增长的动力主要来源于工业，特别是近年来，河北省经济正处于工业化中期阶段，能耗较小的第三产业发展相对滞后。

3.4 能效电厂项目发展缓慢原因分析

1. 政策落实不到位[61]

当前，不是政府支持力度不够强，也不是政策文件不够多，而是政策落实有偏差。政府高度重视节能工作，把节能摆在更加突出的战略位置，国家层面已经陆续出台了许多相关的支持政策。但是，好的政策没有贯彻执行，没有落实到位。究其原因，能效电厂的建设是各省、直辖市和自治区根据自身的条件自己安排的，项目审批也基本属于地方政府。部分地方领导干部从思想上仍然没有充分认识到节能减排的重要性，缺乏长远考虑，仍然片面地以 GDP 增长速度为考核目标，依然热衷于上新项目，而忽视能效电厂的建设。

2. 电网企业的积极参与和总体协调性不高[62]

根据国际经验，能效项目大多由供电公司进行融资，从电价附加中获得资金来偿还贷款。在我国，负责输配电的电网公司比较适合作为能效电厂的总体协调主体。但电网企业是通过售电来获取利润的。通过节电方案的实施，在一定的供电系统内反而节减了售电量，从经济角度而言，电力企业缺乏参与能效电厂建设的积极性。

3. 电力用户积极性不高[61]

在能效电厂的建设中，除了电力公司外，电力用户起着非常重要的作用。但是目前电力用户对能效电厂的响应并不热烈，积极性不高，主要原因如下：①电力用户缺乏对节能节电技术和设备的认识；②融资成本高，该项目除了利息和承诺费外，项目还需要列支能源审计、节电能效检测和确认费、贷款担保费、招标手续费、中间金融机构手续费以及项目办管理经费等；③我国的能源价格和税收未能体现能源使用的外部成本内部化，对大多数电力用户而言，只有电费支出达到足以对其收支产生明显影响时，才会对参与能效电厂这类节电项目产生兴趣。除了峰谷分时电价和差别电价外，我国目前的电价水平和结构，不鼓励能源效率，不利于充分调动电力用户对能效投资产生热情和兴趣；④节能减排的效益由全社会共同享受，是一种外部收益，对于个体来说，投资节能相当于花自己的钱为别人办事，电力用户自然没有兴趣，宁愿把用于节能改造的资金投入扩大再生产。

4. 组织管理体系问题[31]

电力需求侧管理和能效电厂都应由政府主导，电力公司、电力企业、终端电力用户和能源服务公司共同参与。目前，很多省市尚未建立相应的组织体系，没有充分发挥现有的职能作用，在电力公司、电力企业、终端电力用户和能源服务公司企业中，从事电力需求侧管理和能效电厂管理的人员比例低，组织力量薄弱，从而造成宏观指导和具体实施力度不够，积极参与、多方配合、整体推进未形成。节电项目缺少第三方的节电检测和节能量核准评估机制。近几年，北京市成立了上百家能源服务公司，节能服务质量参差不齐，缺乏统一的服务标准，节能市场相对混乱，市场急需规范、完善，管理体系亟待建立健全。

5. 投融资问题

我国目前的能源价格和税收未能体现能源资源使用的外部成本内部化，向消费者提供的是不完整的能源价格和税收信号，致使大多数企业对节能投资（包括低效设备的改造升级、节能新技术的应用等）缺乏积极性，存在节能的投资障碍。由于能效电厂是一种新型的需求侧融资管理模式，运用合同能源管理模式进行融资也处于起步阶段，其运作机制和赢利模式还未被商业银行真正认可和接受，而且多数情况下节能项目往往规模偏小，不能形成独立的资产抵押物，企业很难从银行获得贷款，造成节能项目的融资障碍。

3.5 本章小结

本章通过对我国节能减排发展现状以及河北省节能减排发展现状做归纳，对我国以及河北省节能减排发展缓慢和能效电厂项目发展缓慢的原因进行了分析。为后续引入倒逼机制促进节能减排发展的研究打好了基础。

第4章 引入倒逼机制的节能降耗实现路径及机理分析

4.1 倒逼机制机理的部分理论基础

4.1.1 激励理论

激励机制理论主要可以分为三类：一是激发或驱动行为的激励机制理论，即研究为什么人会产生某些行为，并在此基础上研究如何激发或驱动人的某些行为选择；二是引导行为方向的激励机制理论，即研究如何制定有效的激励机制引导人的某些行为选择；三是使行为得到维持的激励机制理论，即研究人在已经做出某些行为选择的前提下，如何使他们维持这种行为选择。

关于激发或驱动行为的激励机制理论，主要有以下几个观点：

（1）美国人本主义心理学家马斯洛在1943年出版的《调动人的积极性的理论》一书中提出了需求层次理论（Hierarchy of Needs Theory）。根据马斯洛的需求层次理论，如果管理者要激励某个人，就应该知道他现在处于需求层次的哪个水平上，此时最迫切的需求是什么，并将激励措施用在满足员工的这些需求上，只有这样，才能充分调动其积极性，使其处于最佳的工作状态。

（2）美国心理学家赫兹伯格（F. Herzberg）提出了双因素理论（Two Factor Theory），也称作"激励保健理论"（Motivator Hygiene Theory）。根据赫兹伯格的双因素理论，在实践中，为了增加节能主体节能行为的满意度，充分调动其节能工作积极性，管理者除了应致力于改善物质条件和工作环境之外，更为重要的是要为每个节能行为主体提供发挥自己才能的机会，增强他们的成就感和责任心，促进他们的进取心。

关于引导行为方向的激励机制理论，主要有以下几个观点：

（1）爱德温·洛克（E. A. Locke）于1968年提出了目标设置理论（Goal Setting Theory）。该理论认为，任何目标都可以从三个维度来进行分析：第一，目标的具体性，也就是指目标能够精确观察和测量的程度；第二，目标的难度，也就是指目标实现的难易程度；第三，目标的可接受性，是指人们接受和承诺目标和任务指标的程度。研究表明，从激励的效果出发，有目标比没有目标好，有具体的目标比空泛的目标好，能被执行者接受而又有较高难度的目标比唾手可得的目标更好。此外，给予员工工作情况的及时反馈，使得员工对自己工作的完成情况有更清楚的认识将有助于目标的实现。

（2）在马斯洛和赫兹伯格研究的基础上，美国心理学家维克多·弗鲁姆（V. H. Vroom）在其《工作与激励》一书中提出了期望理论（Expectancy Theory）。这一理论认为，人的工作动机由以下三种因素决定：期望、"功利性"或"工具性"、效价。根据弗鲁姆的期望理论，在实践中奖励并不是最重要的。人的工作动机不仅取决于奖励的多少，更重要的是取决于他们对获得奖励的可能性的判断。因此，通过调整人的期望内容和程度，就可以将其行为引导到与组织要求一致的方向上去，从而调动他们的工作积极性，达到组织的既定目标。

关于使行为得到维持的激励机制理论，主要有以下几个观点：

（1）强化理论（Reinforcement Theory）。这是源于斯金纳（B. F. Skinner）的操作性条件反射概念的一种激励理论。他们认为行为结果对于行为本身有强化作用，是行为的主要驱动因素，对人的工作成绩的强化是使其行为得以维持的主要手段。一般来说，对于维持行为，变化的、间隔的强化比固定的、连续的强化效果要好。

（2）美国心理学家亚当斯（J. S. Adams）提出了公平理论（Equity Theory）。该理论侧重于研究工资报酬分配的合理性、公平性及其对职工生产积极性的影响，其实质是探讨投入劳动与所获报酬之间的比值，即个人所做的投入（或贡献）与他所取得的报酬（所得到的结果）之间的平衡。根据公平理论，人的工作积极性不仅与个人实际报酬多少有关，而且与人们对报酬的分配是否感到公平更为密切，公平感直接影响员工的工作动机和行为。因此，国家在实行节能奖励措施时，应该秉着公正、公平原则，使节能企业和消费者在获得平衡感和满意感的前提下，积极配合国家，实现节能降耗目标。

4.1.2 制度与行为经济理论

新制度经济学把制度与绩效之间的关系作为研究的重点，在不同的制度与不同的经济绩效之间建立了一种对应关系。而阿兰·斯密德认为，制度经济学是建立在行为科学基础之上的，在制度与绩效之间必须引入一个中介变量——行为。他将制度理解为："制度规定人们的权利和对别人所承担的义务、责任、风险等具有约束力的关系束，即制度确定相互联系的交易方的机会束。"即制度是约束和规范个人行为的各种规则和约束。

制度包括正式制度和非正式制度。正式制度是指人们（主要是政府、国家或统治者）有意识创造的一系列政策法规，包括政治规则、经济规则和契约等，它们共同约束着人的行为。非正式制度是人们在长期交往中无意识形成的，具有持久的生命力，如价值信念、伦理规范、道德观念、风俗习惯、意识形态等。个人的行为是正式制度和非正式制度相互作用的结果。在正式制度还不成熟时，文化、社会心理、习俗等非正式制度作用于人的心理，通过影响人的知觉、情趣、爱好、信仰、价值观等影响人的行为方式，决定个人对需要的满足程度，即个人效用的大小。个人效用最大化的目标既包括物质目标也包括精神目标。正式制度只有在和非正式制度相容的情况下才能发挥作用。正式制度最重要的功能是它对行为人的激励和约束功能，它可以从以下四条途径来实现：（1）通过抑制人的机会主义，例如，法律对能源使用的规定抑制了对能源的浪费行为，对行为人起到约束作用；（2）通过减少不确定性，例如，知识产权保护法避免劳动成果被他人窃取，从而激发行为人的创作热情；（3）通过降低交易费用，例如，纵向一体化通过减少交易费用激励交易双方的合作；（4）通过使外部性内部化，例如，奖金制度是工作效率高的员工的一部分外部性内部化，激励其工作热情。因此，制定合理的制度以引导人们的合理行动，必须建立在全面分析经济人的行为选择的基础之上。也就是说，经济活动的主体是人，不同的人有不同的行为表现，以至于产生不同的行为结果，而制度的作用对象也是人，因此在给定的目标约束下，制度制定者应当从制度接受者的行为特点出发，制定最合适的制度安排，以实现制度绩效的最大化。在制度既定的短期中，制度减少了交易中的不确定性，制约着交易方的行为，进而决定了制度的经济绩效。制度如果不合理，会导致经济人理性地从事"不合理行为"，而合理的制度安排会促成人们的合理行为，或者说，相对合理的制度引导人们更加合理地去行动，进而达到较好的经济绩效。在长期中，制度、行为和绩效之间是相互影响、相互制约的，绩效会反馈影响制度，或者使制度维持不变，或者使制度发生变化。

4.2　被倒逼的节能主体行为选择分析

个体行为是产业发展的微观基础，研究节能降耗的内在机理应从个体行为入手。节能降耗有三大主体——节能企业、政府和消费者[56]。因此，我们研究节能降耗的发展机理从分析三大主体的节能选择开始。

4.2.1　节能企业的节能分析

在分析节能企业行为选择前，有必要先分析清楚两个概念——企业节能和节能企业。企业节能是指企业消费节能产品，或采取节能措施以节约能源的使用和提高能源的效率，侧重于企业的消费行为；而节能企业是指利用生产要素生产节能产品的企业，侧重于企业的生产行为。而本节研究的对象是节能企业以及节能企业的生产行为。

生产决定消费，没有节能产品的生产就没有节能产品的消费。节能企业有三种生产选择行为——缩小、维持和扩大节能产品的生产规模。本节采用"成本—收益"法研究节能企业的行为。

当节能企业生产节能产品所带来的总收益大于总成本时，节能企业有意愿生产节能产品；当节能企业生产普通产品所带来的总收益大于生产普通产品的总成本时，则节能企业有意愿生产普通产品。所以，使节能企业选择缩小节能产品生产规模有两种情况：一是节能企业生产节能产品所带来的收益小于其生产成本时，节能企业放弃生产节能产品，即选择缩小节能产品的生产规模；二是节能企业生产节能产品和普通产品所带来的收益都大于对应的生产成本时，若生产普通产品产生的利润大于生产节能产品产生的利润，节能企业根据利润最大化原则就会有选择缩小节能产品生产规模的行为倾向。反之，使节能企业选择扩大节能产品生产规模也有两种情况：一是节能企业生产节能产品所带来的收益大于其生产成本时，节能企业有意愿生产节能产品，即选择扩大节能产品的生产规模；二是节能企业生产节能产品和普通产品所带来的收益都大于对应的生产成本时，若生产普通产品产生的利润小于生产节能产品产生的利润，节能企业根据利润最大化原则就会有选择扩大节能产品生产规模的行为倾向。

4.2.2　政府的节能分析

政府的节能行为相对比较复杂，既指政府采购、使用节能产品的直接节能行为，又指通过设定制度框架、提供公共政策，引导节能企业和消费者选择节能的间接节能行为。本节研究政府的节能行为专指其间接节能行为，这与节能企业生产节能产品和消费者消费节能产品的直接节能行为不同。并且，本节分析政府的节能行为有两个层次的含义：一是政府与节能企业、消费者之间的行为关系问题；二是中央政府与地方政府之间的博弈行为问题。

首先，政府是制度的制定者，而节能企业和消费者是制度作用的对象。制度能约束交易方的行为，减少交易中的不确定性，并通过它所提供的刺激来影响人类的选择行为。制度如果不合理，会导致经济人理性地从事"不合理行为"，即合理的制度安排会促成人们的合理行为，或者说，相对合理的制度引导人们更加合理地去行动。但是，由于存在竞争性约束和交易成本约束，政府制定的制度并不总是十分有效。因此，政府为了引导节能企业和消费者选择节能行为，除了制定相关的制度安排外，还应该在分析各交易方的行为选择前提下制定有效的政策，真正起到促进节能的作用。对于节能企业和消费者能否采取节能行为，很大程度上依赖于国家的相关节能制度安排和政策。从经济学的角度来看，企业以自身利润最大化为其经营目标，消费者以自身效用最大化为其行为准则，若国家的节能制度安排和政策有利于企业和消费者目标的实现，那么节能企业和消费者就会在制度安排和政策的指引下采取合理的节能行为。所以，问题的关键就在于作为制度和政策制定者的国家或政府，应从制度和政策接受者的行为特点出发制定出合理的节能制度安排和政策措施，以此引导行为主体选择节能行为，实现制度和政策绩效的最大化。但是，政府在处理能源消耗这个外部性问题时存在寻租行为，在制度和政策执行中存在道德风险，因此，政府作为制度的制定者和执行者，其行为需要受到民众的监督。

其次，布坎南曾对"仁慈的政府"（benevolent government）假设提出质疑，他认为政府是自利的，是追求自身利益最大化的组织，也以成本—收益分析为依据，只是这种利益不一定是财富。Anthony Downs 认为"政府官僚就是其产出不能通过市场途径来衡量的组织或个人，政府官僚只依赖其上级来晋升，所以，他们的行为准则是上级的偏好"。综合布坎南与 Downs 的观点，中央政府和地方政府都是一个利益集团，其行为都具有两面性：一方面，他们要完成本辖区内的经济与社会管理任务，履行职责；另一方面，中央政府希望获得国民的政治支持最大化，而地方政府则期望晋升官职。当中央政府和地方政府目标及利益一致时，地方政府会采取配合中央政府的行为；当中央政府和地方政府目标及利益不一致时，中央政府采取调控政策，地方政府会表现为如下两种行为对策：一方面，地方政府会尽可能维护自己的利益，获取租金；另一方面，由于中央政府对下级政府执行政策的监督成本非常高，因此地方政府会利用其与上级政府的信息不对称，掩盖其不支持中央政府的行为。这就产生了中央政府和地方政府的博弈行为，大大降低了节能降耗工作的运行效率，阻碍节能降耗目标的顺利实现。

中央政府与地方政府博弈行为的出现有着深厚的制度根源。在计划经济体制时期，中央政府高度集权，地方政府仅是一个被动的执行者，全国实行统一财政，统收统支，统负盈亏，地方政府的局部利益很小。"尽管存在寻租的制度基础，但寻租的可能性仍然非常小"，中央政府与地方政府的目标和行为是一元的。因此，计划经济体制避免了中央政府和地方政府博弈的必要性。而改革开放以来，中国实行中央政府和地方政府市场取向的分权化，使得地方政府成为一个独立的利益主体，并且具有独立的管理任务与政策目标，为此，它们寻求租金、追求自身收益的必要性与可能性大大提高，并且更加方便。如果没有制度约束，地方政府会竭尽所能地掠夺生产剩余和消费剩余，寻求租金。另外，以 GDP 为核心的政绩考评体系也是造成中央政府和地方政府博弈行为的制度原因。由于衡量地方政府的投入和产出异常困难，度量成本非常高，因此根据地方政府的政绩排序（rank – order）来度量其产出就成为一种成本相对较小的可行方式，考核的指标主要包括 GDP 总量、吸引的外商直接投资额、上缴税收等。特定的政绩考评体系产生了特定的地方政府行为：各地区地方政府将全部精力放在这些考评指标的增长上，对于那些不属于考评范围内的指标漠不关心，如能源的不合理开发、浪费，生产和消费分别对环境所造成的迫害等问题。

中央政府出台各项节能政策很大程度上是为了全国经济更好地持续发展，为了提高本国居民的福利水平。而地方政府的竞争源于政治晋升和获取更多的寻租收入，没有把本地区居民的福利水平的提高纳入到政绩考评体系，因此，"用脚投票"机制并不完善。当一个地区的居民意识到该地区的地方政府未能提供令其满意的公共产品时，他们会采取"用脚投票"（Voting by their feet）的方式加以反对，即迁移到能够提供更好的公共产品的地区。实际上，居民"用脚投票"是一种退出（Exit）行为，"用脚投票"机制是一种退出机制。这就要求我们必须构建更合理和更科学的政绩考核体制，在促进经济增长的同时，更多地将环境保护、能源节约、居民收入增加、产业结构和地区竞争力的提升等战略性的问题纳入到考评指标体系中，停止鼓励地方政府继续追求总量粗放式增长的政绩考评体系的继续运行。

4.2.3　消费者的节能分析

消费者行为选择并非是由某个因素或某些因素决定的，而是很多因素相互影响、相互作用的结果。这些影响因素主要包括：产品的价格、质量、替代产品的价格、消费者的偏好、消费意识等。

作为现实中的"理性经济人"，在经济活动中，消费者所追求的唯一目标或动机是自身消费效用的最大化，消费者通过"成本—收益"分析对行为进行优化选择，而不会考虑社会总体利益（外部性）和代际利益。例如，从消费者个体来看，购买高效节能产品虽然可以减少能源账单支出，但节能产品的价格往往高于一般的同类产品，所以是否购买高效节能产品也会出于自身利益去判断。因此，现实中利益驱动是影响消费者行为的主要原则，消费者会根据自身利益去平衡，从而决定节能行为采取与否。只有当采取节能行为的投入成本至少不高于由此带来的节约能源所获得的收益时，即采取节能行为的总成本至少不高于不采取节能行为的总成本时，消费者才会愿意采取节能行为。但是，消费者的这种理性选择存在相当大的局限性，因为消费者是有限理性的，并且消费者拥有的信息是不完整的，所以，每个消费者在选择消费产品时，只根据自己所掌握的产品信息和自己的利益最大化来选择，并未考虑整体利益和长远利益影响机制。

4.3 引入倒逼机制的节能降耗机理分析

"倒逼机制"被引入到节能降耗中形成节能降耗倒逼机制，而这种机制之所以能产生作用，形成倒逼，从作用力的角度而言是因为"倒逼"中存在多种作用力。本节将从强制作用力、利益作用力、道德作用力三个方面来分析节能降耗倒逼机制之所以能形成"倒逼"的机理。

4.3.1 强制作用的机理

从某种意义上讲，任何机制都有两种基本功能：激励与约束。对于经济活动主体来说，激励与约束可以说是相互联系的两个方面的力量，甚至从某种意义上说，约束也是一种反面的激励。但是，激励与约束虽然都是作用于主体的力，却是作用方式和方向都有所不同的两种力，它们的作用机理不同。激励对于主体来说，是一种诱致性、吸引性的力，是调动其活动积极性的力；而约束却是一种逆向的、限制性的力，是抑制其活动积极性的力。

强制机制是一种基于"命令控制型"的刚性约束机制，它主要以国家的命令与制裁作为政府介入的基本方式，对经济活动主体的经济活动加以约束和限制，以经济活动主体的无条件服从作为政府干预目标实现的基本前提，通过对社会个体私益的限制，从而直接影响经济主体的行为决策。这是一种以行政权力为主导，以公共利益为基本价值取向的法律调整与控制模式。强制机制的作用是单向的，完全由政府启动和推进，经济活动主体完全处于从属与被支配的被动地位（见图4.1）。这个机制的运行主要是靠政府的绝对权威与经济活动主体的无条件服从来实现，以对社会个体利益的限制和剥夺为基础和前提，因此，强制机制缺乏广泛存在和长期推行的群众基础和社会认同感，其作用成效短期看明显且有效，但不能持久。

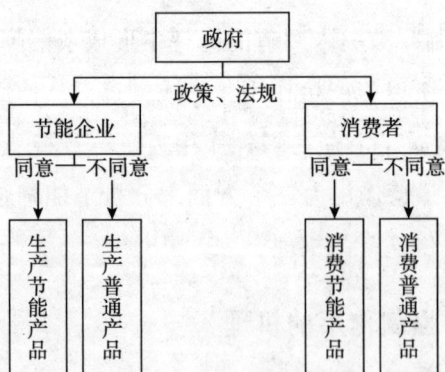

图4.1　强制作用的机理

当国家对采取不节能行为的惩罚力度大到使经济主体选择不节能行为的成本大于节能行为的成本，并且国家有严格的监督管理机制时，节能企业和消费者将选择"同意"，即生产和消费节能产品的节能行为，但由于强制机制是一种逆向的、限制性的作用力，缺乏内在驱动力，他们的节能行为不会持久。当国家对不节能行为的惩罚力度不够大，且监督管理机制不完善时，由于这使得经济主体选择不节能行为的成本可能小于节能行为的成本，节能企业和消费者将选择"不同意"，即生产和消费普通产品的节能行为。因此，完善依靠强制机制引导经济主体选择节能行为是远远不够的。但是，由于强制机制作用短期见效快，所以当一个国家的经济环境和制度环境都不十分完善或发生突发事件时，可以运用强制机制。

4.3.2 利益作用的机理

根据制度与行为经济学理论的观点，制度制约人的行为，人的行为是正式制度和非正式制度作用的结果。合理的制度安排可以引导行为人采取合理的行为方式，而不合理的制度安排则引导行为人采取不合理的行为方式。因此，在消费者和企业节能投入不足的现实前提下，为了使消费者和节能企业都有动力采取节能行为，减轻政府节能降耗的负担，必须设计出能有效引导消费者和企业进行节能的制度，引导行为主体选择节能行为，这就是利益作用的原理。

利益机制以经济激励为基础，是一种诱致性、吸引性的力，是调动经济活动主体积极性的力。政府部门不做出详细规定，而设计出一套合理的制度，经济主体在给定的外部环境（设定的经济激励机制约束）下自行选择对自己最有利的行为。利益机制通过向经济主体提供直接或间接的利益作为驱动，来实现既定的政策目标，通过市场信号使经济相互体做出行为决策，而不是制定明确的控制水平或方法来规定人们的行为。利益机制的特点在于：它是基于市场机制的柔性激励制度，经济主体有多种选择，在给定的制度制约下，可以根据自己的技术条件和其他因素做出最有效的选择。利益机制主要表现为激励功能，经济活动主体主动接受，是一种诱致性、吸引性的作用力，能充分调动经济活动主体的积极性（见图4.2）。利益机制可以实现政府部门事先设定的目标，把节能转化为社会发展的动力，使节能经济主体在市场竞争中获得更多的利益和机会，使能源浪费者付出更大的成本和代价。由于经济主体的行为是其自行选择的，因此，利益机制的执行成本小于强制机制的执行成本。

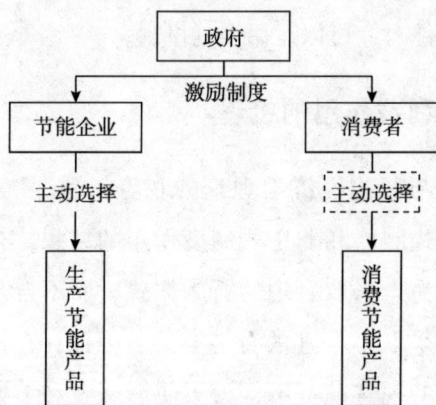

图 4.2 利益作用的机理

在利益机制机理作用下，政府的这些经济激励政策通过间接影响经济活动主体的行为，使经济活动主体在追求自身利益最大化的同时实现社会效益的最大化。与强制机制相比，利益机制的这种驱动力是内在的，并且节能企业和消费者的行为选择仍然是基于利益最大化原则，因而，利益机制的作用效果可以持久且有效。当然，利益机制发挥作用也有前提条件：国家制定有效的制度安排和正确的激励措施。

4.3.3　道德作用的机理

作为道德行为主体的人，由于其需求是多层次的，因而其利益表现也是多样的。根据美国心理学家马斯洛的需求层次理论，将人的需求分为五个层次，即生理需求、安全需求、社交需求、尊重需求、自我实现需求。在现实生活中，每个人的内在需求不一样，因而他们的行为选择也不一样。只有在道德行为主体实现了生理需求、安全需求和社交需求的前提下，他们才会追求尊重需求和自我实现需求，即他们就会感到自己的价值，从而会更愿意为他人、社会做出贡献，并发挥自己最大的潜能，实现自我的发展和完善。

道德机制是一种基于个人素养的非正式制度安排，主要是通过伦理道德的软约束，通过激发人们内心的理念来实施一定的经济行为（见图4.3）。它强调的是一种道德教育和自我约束，即一方面是以习俗、道德伦理为主体的社会精神对人们价值取向的影响；另一方面是以习惯、知识等形式累计下来的非正式制度安排对人们经济行为的制约。道德机制通过强化良心效应，使人们在自己从事外部不经济行为时感到良心上的不安，降低其自身的整体效用水平，从而减少其从事外部不经济行为的概率。道德机制发挥作用也有前提条件：一是经济社会发展水平已经基本达到较发达水平；二是人们的需求层次已经不仅是满足物质层面，而是满足尊重和自我实现的精神文明层面。

我国经济的快速发展虽然使得部分人的需求层次得到了提升，使他们满足了生理需求、安全需求和社交需求，而且正在追求更高层次的尊重和自我价值实现需求，但是大部分人还没有达到较高的知识道德水平，这会影响到社会整体的效益，这使道德机制难以发挥作用。

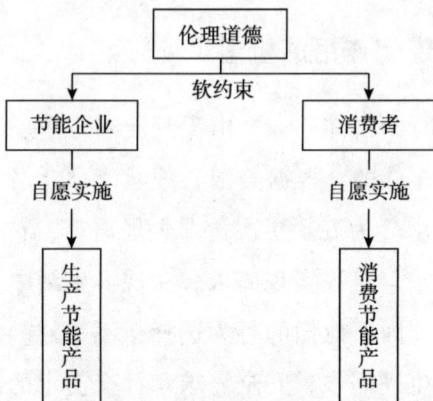

图 4.3　道德作用的机理

强制作用、利益作用和道德作用这三种力的作用效果的共同点在于它们都具有激励节能和约束节能两方面功能，主要区别在于：（1）经济主体自主性选择程度不同；（2）经济激励效果不同；（3）机制运行灵活性不同；（4）信息需求和搜集成本不同；（5）执行成本大小不同。

结合我国的国情和实际情况，目前我国是一个经济发展水平较高、制度建设相对完善，但全民整体素质有待继续提高的国家。我们认为在这样的环境中，应该主要运用利益作用，其次是强制作用，再次是道德作用。

4.4　引入倒逼机制的节能降耗实现途径

从国内外产业形成与发展的案例看，大多数产业是在具备相关基础条件下，通过市场力量自发形成，且自发形成的产业大多出现在市场经济比较发达的西方国家，但市场自发型产业发展所需时间长。而我国正面临着经济高速增长导致能源生产性消耗与生活性消费迅速增加，能源成为制约中国经济社会可持续发展的瓶颈，中国必须快速发展节能产业。因此，中国节能产业形成与发展初期，应该选择以政府培育为主、市场力量为辅的产业发展路径。

但实际上，我国政府一直在制定和完善节能政策法规以及统一节能标准方面做出努力，如完善节能各项法规及标准、财政补贴、贷款优惠、税收优惠、征能源税、低息贷款、抵押贷款、加速折旧、科研资助等，这些措施从不同层面上对节约能源、促进能源使用效率的提高产生作用，一定程度上推动了节能产业的发展。但是，这些经济激励政策很大程度上依赖于政府的财政支持，不仅给政府形成了比较大的财政负担，同时，这些政策发挥作用还有赖于完善的制度和机制框架的建立。因此，为了更好、更有效地推动节能产业发展，政府应该逐步完善节能制度和节能机制，引导节能企业和消费者选择节能行为，推动节能产业的快速发展。

4.4.1　以政策体系实现倒逼

1. 逐步使资源耗竭型产品强行退出市场

由于目前我国能源消耗型产品占有市场的绝对份额，节能产品的市场份额还相对较小，因此，为了促进节能产业的发展，可以使资源耗竭型产品强行退出市场，使市场上只有节能产品，那么，消费者自然也只能选择节能产品。但是，这需要牺牲现有很多企业的利益，甚至是企业本身，而大量企业的倒闭将影响国家的宏观经济，势必会影响就业，将带来一系列的社会问题。因此，国家只有在发生紧急危机或紧急事件时，才可以推行强制退出机制，并且要适时、适地推行。

2. 落实"营改增"，促进产品转型

"营改增"可以克服重复征税的弊端，对于大部分企业可以降低税负，尤其对于小企业，提高了增值税一般纳税人认定标准后，众多小规模纳税人企业可以按照 3% 的征收率纳税，税负降低明显。然而，实行"营改增"，将产品和服务一同纳入增值税下，劳动密集程度较高的企业（因为人工成本较高，而外购的设备及材料较少）的税负会较高。从增值税的角度讲，如果外购的设备、材料或者劳务当中能够抵扣增值税的越多，税负会越低；反之，如果全靠自己封闭式进行生产的话，没有任何的抵扣，那么税负就会偏高。

因此，应有效地落实"营改增"，完善结构性税负机制，在现行增值税 17% 标准税率和 13% 低税率的基础上，新增 2～3 档低税率。根据行业对环境、资源、土地、劳动力等消耗情况划分所属税率，以推动劳动密集型企业向技术密集型转型，或向劳动成本更低的地区转移。

4.4.2 以利益作用实现倒逼

1. 强化科技成果转化机制

政府科研资金应优先支持产学研结合开展的高新研发平台，支持以企业为中心，与高等院校、科研机构建立的以产权为纽带的各类技术创新合作行为，将具有创新性的技术成果从科研单位转移到生产部门，使新产品工艺改进、效益提高，实现科技成果的转化。此外，随着市场竞争加剧，产品价格逐渐下降，创新能力不足和科技成果转化率低下将导致技术含量较低、劳动密集型企业的利润下滑，应进一步完善产学研合作中的利益分享和保障机制，把知识产权和利益分配作为驱动产学研合作的主要经济杠杆，迫使这些技术含量较低、劳动密集型企业不得不加大研发投入，自主转型升级。

2. 健全资源性产品价格形成机制

为避免资源的低价和低税政策助长企业靠"低盈利—规模

扩张"模式生存和发展，促进要素投入结构调整和优化，应当加强资源性产品的价格形成体制改革，健全资源有偿使用制度，提高各类生产要素的价格和相应的资源税费，发挥税收的级差调节作用，抑制资源浪费。同时，下调甚至取消某些高能耗、高污染、劳动密集型产品的出口退税，对那些"两高一资"（高耗能、高污染和资源性）生产企业形成严厉的约束和压力，迫使其加快转型升级步伐。

4.4.3　以道德作用实现倒逼

1. 加强节能教育工作

应该从小学教育开始，开设与节能减排有关的课程，扩大节能教育的影响，并加强全民的节能意识；而从大学教育来看，也应该增加节能的课程，培养更多服务于节能的人才。通过教育途径来改变传统的能源消费习惯和偏好，将人的被动的行为变为主动的节能行为，使消费者发生从"理性经济人"到"理性生态经济人"的转变。

2. 加强节能宣传的力度和质量

大力加强节能宣传的力度和有效执行性，使消费者更好地了解节能产品及其性能。除了开展现有的节能宣传周外，我们也应该同时开设节能日、节能月、节能检查日，定时检查评估节能活动效果及生活习惯的变化，使节能宣传活动发挥实质作用。

4.5　倒逼机制在能效电厂项目中的应用实例

4.5.1　能效电厂项目实施背景

参考文献［63］对某管桩有限公司的能效电厂项目进行了

研究。此公司目前共有管桩生产线 10 条，设计年生产能力为 1800 万 m，年产值约 18 亿元。公司专业生产各种规格的高强管桩，总资产 6.69 亿元人民币，是重点耗能单位，2008 年消耗电量 6300 万 kW·h。

随着公司规模的不断扩大，各类能源的消耗量也不断增加，在生产成本中占了很大份额。并且随着能耗的增多，公司排放的废弃物也随之增加，对周边的环境造成了严重的破坏，每年用于修复周边环境的开支也越来越大。因此公司制定了降低能源支出成本，减少废弃物排放，实现可持续发展的战略，战略的成功实施也就倒逼着公司必须增加改进节能降耗的措施。故公司从 2008 年开始，逐步进行耗能设备改造工程，积极开展能效电厂项目建设工作。为了保持产品价格在市场具有足够的市场竞争力，使产品价格保持在现有市场价格水平 5% 的波动范围内，根据能源使用成本对产品价格的影响大约有 0.08%，因此产品价格下降 5%，能源使用量则下降 7%，故公司综合各种其他因素后设定能效电厂项目实施后节能目标比 2008 年消耗电量降低 7%，即 441kW·h。

4.5.2　总节能目标倒逼各子工程节能目标设定

1. 节能潜力获取

对公司所有的耗能设备及运行情况进行检测，探索公司可进行能效电厂改造的设备。从降低电量和热量的消耗和提高电能的利用效率两个方面入手探索，发现公司的以下设备可以进行能效电厂项目的改造。

（1）空气压缩机：公司拥有 132kW 空气压缩机 13 台，均采用 Y 系列普通电动机拖动，自耦降压起动、全压运行。随着供气压力的变化，空压机交替工作在供气、空载状态，在空载时

148

电动机保持运转，浪费大量电能；负载时经常出现压力过高现象，同样会造成电能的浪费。

（2）风机、水泵：公司共有风机、水泵类负载100余台，功率为11~90kW，均采取工频运行、直接起动或降压起动，通过管道上的阀门和挡风板强制进行节流调节，以满足生产所需的供水量和通风量。在调节过程中，电动机所消耗的功率基本上是不变的，当水流量或风量较小时，大量的电能就消耗在管道和调节装置上。根据风机、泵类负载的功耗计算原理，当所需的流量一定时，如能降低原动机的转速，流量与转速按线性关系成正比变化，所需的功率是按转速的3次方变化的。对于供水泵，消耗功率和电动机的转速之间的关系也是一样的。

（3）离心机、滚焊机：众所周知，滑差电动机调速系统随着负载转矩的增大转速急剧下降，机械特性很软。尽管可以通过速度负反馈来达到增加转矩的目的，但故障率高，加上滑差部分存在传递效率及滑差电动机的维护保养较交流异步电动机维护保养难度大、维修费用高等问题。

（4）绿色照明：绿色照明（green lighting）是指通过提高照明电器和系统的效率，推广使用效率高、寿命长的照明系统，包括可靠性高和运行稳定的电光源、用于照明的设备附件以及亮度调节器件等。绿色照明的完整意义应具备以下几点：较高的安全和舒适度，即发出的光线清晰、柔和、没有刺激，严格消除紫外线等有害光谱，不产生光污染；具备高效节能和环保性，即在保证照明足够的前提下，消耗的电能应最少，从而减少电厂对能源物质的消耗，降低污染物的排放，完成环境保护的目标。公司共有10条管桩生产线，每条生产线建筑面积达5000m^2，夜间生产需要大量的照明设施。大多使用自整流高压汞灯及碘钨灯照明，每年仅照明耗电达180万kW·h。

2. 各子工程节能目标设定

根据公司各设备规模、功率以及将要预计更换的设备的相关情况综合考虑，将各子工程的节能目标设定如下（见表5.1）：

表5.1　各子工程节能目标设定

名称	现设备规模	现设备功率	预节能目标/（万 kW/年）
空压机变频改造工程	13 台	132kW	150
风机水泵变频改造工程	100 余台	11~90kW	200
滚焊机变频改造工程	16 台滚焊机	13kW	80
绿色照明改造工程	照明范围 50000m²	20W/40W/250W	20

4.5.3　项目实施

1. 空压机变频改造工程

在满足生产需求的前提下，公司投资130万元对空气压缩机进行变频改造，用富士160kW的变频器来拖动，采用变频器内置 PID（即比例、积分、微分）控制，根据所需的供气压力自动调节输出频率，达到节电的目的。

（1）改造前空压机的电能消耗情况。

电动机在负载时功率因数为0.8，空载时为0.3，每次负载时间平均为3.5min，空载时间为30s，折算到每小时内，空压机的负载时间为0.875h，空载时间为0.125h。空压机的电动机功率为132kW，负载时平均工作电流为260A，空载时工作电流为100A。空压机采用380V三相电源。可以算出每小时每台空压机的耗电量。

$$空载时耗电量 = \sqrt{3} \times 380 \times 100 \times 0.3 \times 0.125h/1000kW \cdot h$$
$$= 2.5kW \cdot h$$

$$负载时耗电量 = \sqrt{3} \times 380 \times 260 \times 0.8 \times 0.875h/1000kW \cdot h$$
$$= 119.5kW \cdot h$$

总用电量为 122kW·h。

根据现场电能表实测计算，加上管网的损失，每小时实际耗电量为 130kW·h。

（2）空压机变频改造的能耗分析

空压机在变频改造后，由于采用了 PID 控制方式，系统的工作电流和工作频率随时在变化，因此按空压机工作原理进行计算的方法，所消耗的电功率与工作压力的二次方成正比。改造前平均工作压力按 0.725MPa 计，改造后的工作压力按 0.65MPa 计，通过相关的理论公式计算可知，空压机在改造前带负载时的平均功率为 125kW 左右，改造后的电功率为 $(0.65MPa)^2/(0.725MPa)^2 \times 125kW = 100.4kW$，因改造后空压机工作时始终处于负载状态，即 1h 需耗电 100.4kW·h。改造后通过电能表计量，1h 实际耗电量约 102kW·h。

2. 风机、水泵变频改造工程

采用变频调速对风机、泵类设备节能效果非常显著，在风量、流量为额定值的 60%~90% 时，节能可达 30%~60%。公司投入 210 万元对粉磨车间内的引风机和主供水管道系统中的管道泵进行了变频改造，取得了很好的节电效益。

3. 离心机、滚焊机变频改造工程

公司对车间新上的离心机投资 58 万元，采用变频调速控制，改变以往的离心机通过滑差电动机调速的惯例。针对各车间的滚焊机因滑差电动机故障率高的问题，也投资了 18 万余元对 16 台滚焊机进行了变频改造，取得了很好的节电效益。

4. 绿色照明改造工程

公司结合实际情况，投入 30 万元，将办公楼和厂房的楼梯、走廊的 25 W 和 40 W 白炽灯更换为 9 W 高效节能荧光灯，并采用红外开关，使所有楼梯和走廊的照明实现"人来灯亮，人走灯灭"，将厂房的 250W 高压汞灯更换为 25W 高效节能荧光灯，节电率为 90%。将厂区道路照明用的 250W 高压汞灯改造为 150W 高压钠灯，并安装了照明节电器，在照明达到工艺及环境要求的前提下，节电率达到 50% 以上，且光色光效好、透雾能力强、成本低。

4.5.4 节能效果分析

（1）空压机变频改造工程：每台空压机每小时可节电 28kW·h。正常工作时，按年实际运行时间 5000h 计算，则整个生产线每年可节电 160 万 kW·h，年节约电费 110 万元。

（2）风机、水泵变频改造工程：公司对 100 余台风机、水泵进行变频改造，平均节电率达 30%，按年运行时间 5000h 计算，年节电 200 万 kW·h，年节约电费 130 万元。

（3）离心机、滚焊机变频改造工程：通过变频器的调速功能，根据负荷需要自动调整电动机运行频率，消除无功损耗和电动机的附加损耗，在满足生产需要的同时，大大降低了电能消耗。经测算，改造后滚焊机、离心机用电负荷平均减少了 30%，以年均运行时间 5000h 计算，年节电 100 万 kW·h，节约电费 65 万元。

（4）绿色照明改造工程：经统计分析，推广应用绿色照明后，不仅实现了节能降耗，年可节电 20 万 kW·h，节约电费 13 万元，还可获得更好的照明效果。

通过上述 4 项节能技术改造项目的实施，该公司整个能效电厂项目年节约电量 480 万 kW·h，平均节约电费 318 万元，项目总投资平均回收期为 13 个月。

第 5 章　基于情景分析法的
节能降耗的总体效果评价

5.1　能源、碳排放与经济增长的相关研究

5.1.1　关于能源、碳排放与经济增长关系的研究

伴随着一些经济增长理论对能源资源、环境（碳排放）等要素的重视，围绕能源资源、环境（碳排放）与经济增长，学者们从不同视角、运用不同方法、对不同区域（全球、国家、地区）进行了研究。基于方法论的角度，关于能源资源、碳排放与经济增长关系的研究，目前主要方法有以下三类：

第一类是基于全要素生产率的方法。Ramanathan（2006）[64]采用 DEA 方法（Data Envelopment Analysis，数据包络分析法）同时分析了 GDP、能源消耗、碳排放量之间的联系。他指出以往研究的缺陷是，只分别分析了 GDP 对碳排放量的影响或者能源消耗对碳排放量的影响，需把三者结合起来研究。涂正革（2008）[65]应用地区环境技术效率，衡量了我国 30 个省市地区环境、资源与工业增长的协调性，研究发现我国区域间环境工业协调性极不平衡。陈诗一（2009）[66]利用超越对数分行业生

产函数估算了我国工业全要素生产率变化并进行了绿色增长核算。陈诗一（2010）利用方向性距离函数扩展了动态（节能减排）行为分析模型，对我国工业 38 个两位数行业未来 40 年（2009—2049 年）的节能减排双赢前景进行了预测分析，验证表明环境波特假说在中国是存在的。

第二类是基于最优化的方法。Mar 和 Bakken（1981）[67] 将经典控制论的思想引入能源—经济模型，分析了一次能源结构的变化。林伯强等人（2010）[68] 将二氧化碳排放作为满足能源需求的一个约束，建立优化模型，得到反映节能和排放约束下的最优能源结构，进而通过可计算一般均衡模型，评估能源结构变化导致的能源成本增加对宏观经济的影响。

第三类是基于计量经济的方法。这一类方法目前最为成熟，应用也最为广泛。主要从两个角度来应用。一是研究二氧化碳排放、能源消耗和 GDP 的 Granger 因果关系及协整关系。代表性的文献有陈茜（2010）关于发达国家不同发展阶段碳排放与经济增长的因果关系分析。赵进文、范继涛（2007）[69] 利用非线性 STR 模型技术具体应用于中国能源消耗与经济增长之间内在结构依从关系的研究，揭示了二者之间不同时期具有不同的特征（线性和非线性）。王星等人（2008）基于协整和脉冲响应的中国能源消耗与经济增长动态关系测算研究。二是基于 EKC 曲线应用不同的计量方法。林伯强和蒋竺均（2009）利用时间序列研究了中国二氧化碳环境库兹涅茨曲线的理论拐点对应的人均收入是 37170 元，即 2020 年前后，但实证预测表明，拐点到 2040 年还没有出现；并指出除了人均收入外，能源强度、产业结构和能源消耗结构都对二氧化碳排放有显著影响，特别是能源强度中的工业能源强度。张红凤等人（2009）也利用时间序列数据将地区（山东）EKC 与全国 EKC 比较，得出严格而系统的环境规制政策，能改变 EKC 曲线形状和拐点位置。蔡昉等人（2008）[70]利用面板数据通过拟合环境库兹涅茨曲线并预测了排放水平从提高到下降的转折点，并考察了中国经济内在的节能减排要求。研究结果显示，对于温室气体的减排来说，被动等待环境库兹涅茨转折点的到来，已无法应对日益增加的环境压力。在这种情况下，需要依靠中央政府的决心、地方政府和企业转变增长方式的动机，加大激励力度，以实现可持续经济增长。刘笑萍等人（2009）建立了污染物排放与经济增长之间关系的离散 EKC 模型，用该模型对中国实现减排目标的条件进行了分析。国涓等人（2009）[71]利用空间计量方法，对中国及周边国家和地区的 EKC 进行了估计，估计结果显示空间影响显著存在。

5.1.2　关于能源消耗与能源强度影响因素的研究

关于能源消耗（需求）影响因素的分析已经很深入，也很广泛了。因为在一般的研究中总是把能源消耗等同于能源需求，本节也把能源需求的决定因素作为能源消耗的决定因素。对能源消耗（需求）的影响因素，学者们主要从经济增长、产业结构或工业化程度、城市化率、能源利用效率或技术进步、能源价格、人口、贸易结构等方面进行了分析。林伯强（2001）利用协整与误差修正模型对中国的能源需求的决定因素进行了研究。实证分析结果表明：（1）能源总消费、GDP、能源价格及结构变化之间存在长期均衡关系；（2）不仅价格和收入是能源需求的重要决定因素，而且用来反映结构变化的 GDP 中的重工业份额也是一个显著的需求决定因素。林伯强等人（2007）采用协整技术研究中国煤炭需求的长期均衡关系，估计出中国煤炭需求的长期收入弹性、价格弹性、结构弹性以及运输成本弹性，预测未来长期煤炭需求并分析其对环境、煤炭供给和煤炭价格的影响，模拟解释变量不同增长率下煤炭需求的演变并给出政策选择。何晓萍等人（2009）[72]利用面板数据非线性模型和协整模型从两个侧面对中国电力需求做了对比研究，发现两个模型所得到的结果基本一致而且数值非常接近，两种模型的结果都表明现阶段电力需求与城市化高度相关。中国城市化进程以及城市化发展阶段所表现出的工业化特征，推动了电力需求快速增长。另外，国外一些学者，Silk 和 Joutz（1997）对美国居民电力消费进行了研究。

关于能源强度影响因素的研究也很丰富，主要采用的方法有因素分解法和计量经济的方法。吴巧生（2010）[73]基于费雪（Fisher）指数从产业层面考察了中国能源强度指数的变化及影响因素，研究结果表明：全要素生产率是中国能源强度下降的主要原因。韩颖等人（2010）将对数平均迪氏指数分解法和投入产出法相结合，研究中国能源强度的影响因素，认为提高能源效率是降低能源强度的主要途径。杭雷鸣和屠梅曾（2006）[74]利用联立方程研究了能源价格对能源强度的影响，计量结果表明，提高能源价格是改善能源效率的一个有效政策工具。史丹（2002）利用相关因素分析法分析了中国经济快速增长条件下能源消耗减缓的重要原因是对外开放、产业结构和经济体制对能源利用效率的影响。国涓等人（2009）利用面板数据协整和误差修正模型对中国区域能源消耗强度的影响因素进行了分析，认为市场化程度、能源消耗结构，还有固定资产投资对中国不同区域（高增长高能耗区、低增长高能耗区、低增长低能耗区和高增长低能耗区）在不同时期（长期和短期）有不同的影响。纵观这些研究，发现能源强度的主要影响因素有能源价格、产业结构、能源消耗结构、技术进步和对外开放程度等。

5.1.3 关于碳排放影响因素的研究

目前，有关碳排放的影响因素（驱动因素）研究的主要方法有指数分解、Kaya 恒等式、SHRPAT 模型以及计量经济协整理论等方法。Shrestha 和 Timilsina（1996）较早运用 Divisia 指数分解法对包括中国在内的亚洲 12 国电力行业二氧化碳强度变化进行了研究。Ang 等人（1998）运用新提出的对数平均Divisia指数（LMDI）分解法，对中国工业部门消费能源而排放的 CO_2 进行了研究。宋德勇和卢忠宝（2009）采用"两阶段"LMDI 方法，研究了中国碳排放的影响因素及其周期性波动。Wu 等人（2005）基于中国各省的数据，运用"三层完全分解法"，研究了中国 1985—1999 年与能源利用有关的二氧化碳排放量的变化及其潜在的驱动因素，并重点解释了 1996—1999 年中国能源消耗及二氧化碳排放量变动"突然停滞"的深层原因。王峰等人（2010）在 Wu 等人（2005）的研究基础上把 1995—2007 年中国能源消耗的二氧化碳排放增长率分解为 11 种驱动因素的加权贡献，并对这一时期中的六个时间段和每一种驱动因素进行了研究。Kaya 恒等式是 Yoichi Kaya（1989）在 IPCC 的研讨会上提出的，通常用于国家层面上的二氧化碳排放量变化的驱动因子分析。在 Kaya 模型中，碳排放的推动力主要是人口、人均 GDP、能源强度和单位能耗碳排放量等四个因子。Holden 等人（1971）提出的"I = PAT"方程认为人口对环境的影响可以分解为四个部分，即环境影响、人口数量、人均财富以及环境修复技术水平，与之不同的是，Kaya 模型引入了能源强度和单位能耗碳排放量两个因子，产业不同其能源强度不同，同一行业中能源强度也有所不同。Dietz 等人（1994）在 Kaya 模型基础上，建立了 IPAT 等式的随机模型——STIRPAT 模型。随后国内外诸多学者运用该模型开展了富有建设性的研究工作。林伯强和蒋竺均（2009）分别采用对数平均迪式指数分解法（LMDI）和 STIRPAT 模型，分析了影响中国人均二氧化碳排放的主要因素，认为人均收入是影响二氧化碳排放的最主要因素，其次，能源强度、产业结构和能源消耗结构都对二氧化碳排放有显著影响，特别是能源强度中的工业能源强度。另外，林伯强和刘希颖（2010）在研究中国城市化阶段的碳排放影响因素时，利用修正后的 Kaya 恒等式进行分析，认为二氧化碳排放影响最为显著的变量是人均 GDP 和能源强度，它们每变动 1 个百分点，分别会带动二氧化碳排放总量同方向变动 0.95 和 0.94 个百分点，其次，影响从大到小依次为能源消耗碳强度、城市化水平和水泥产量，它们每变动 1 个百分点，分别会引起二氧化碳排放总量同向变动 0.71、0.22 和 0.06 个百分点。与此同时，蔡昉等人（2008）、马军杰等人（2010）和张友国等人（2010）分别利用面板计量、空间计量和投入产出的方法得出人均 GDP 是二氧化碳排放最主要的影响因素，其次是能源强度，尤其是工业部门能源强度，即能源生产率，还有代表经济发展方式的产业结构，以及能源结构也是影响二氧化碳的重要因素。由这些学者的研究不难得出影响碳排放的主要因素是能源强度和经济发展速度。

5.2　情景构建

节能降耗主要指的就是能源消费的减少和碳排放的减少。根据以上各种文献的综述可以发现对能源需求量的影响因素有很多种，但主要是社会经济的发展以及国家与能源有关的政策。社会经济的发展主要可以分为国民经济的发展和人民生活质量的改变。同时与能源相关的国家政策主要有：应对气候变化和环境保护等问题的节能减排政策，国家为控制人口增长提出的计划生育政策等。对于二氧化碳的排放量最直接的影响因素就是能源的使用。因此，我们基于情景分析法分别设定经济发展情景、节能减排力度情景和能源结构情景，对未来河北省的能源消耗和碳排放量进行预测。

5.2.1 经济发展情景设置

经济发展情景的有效设置需要考虑多方面的因素，其中对历史以往数据的分析十分重要，2011—2015 年全国的 GDP 增速有所放缓，2015 年的 GDP 增长速度为 6.9%，整个"十二五"期间的 GDP 年均增长速度为 7.8%（2016 政府工作报告）。"十三五"时期经济年均增长保持在 6.5% 以上。根据河北省 2016 年的政府工作报告显示：全省生产总值由 2010 年的 2 万亿元增加到 2015 年的 3 万亿元、年均增长 8.5%。受全球经济影响河北省"十三五"期间的目标为经济保持中高速、增长速度高于全国平均水平，生产总值突破 4 万亿元、年均增长 7% 左右。根据对历史数据及经验的分析我们可以设置 2016—2025 年河北省国民经济的发展对能源需求的影响为 A_1、A_2、A_3 三种情景，具体设置如表 5.1 所示。

表 5.1 河北省经济发展情景设置

情景	特征描述
A_1	低速发展阶段：2016—2025 年河北省的经济发展处于低速发展阶段，GDP 的年均增长速度与全国"十三五"期间的最低增长速度相当，低于河北省现在的 GDP 增长速度，为 6.5%
A_2	中速发展阶段：2016—2025 年河北省的经济发展处于中速发展阶段，GDP 的增长速度略高于全国"十三五"的经济增长速度，保持河北省的"十三五"时期预计的增长速度，为 7%
A_3	高速增长阶段：2016—2025 年河北省的经济发展处于高速发展阶段，其 GDP 的增长速度高于全国以及河北省"十三五"规划的增长速度，为 8%

5.2.2 节能减排力度情景设置

在节能减排政策方面,"十二五"期间单位国内生产总值能耗下降18.2%,主要污染物排放量减少12%以上。河北省在"十二五"期间,大力实施"6643"工程,化解过剩产能实现重大突破,累计压减炼铁产能3391万吨、炼钢4106万吨、水泥6231万吨、煤炭2700万吨、平板玻璃3717万重量箱。钢铁、水泥等六大高耗能行业增加值占规模以上工业比重较2010年下降10个百分点,全省单位GDP能耗累计下降23%以上(2016河北省政府工作报告)。全国"十三五"规划提出:今后五年,单位国内生产总值用水量、能耗、二氧化碳排放量分别下降23%、15%、18%。河北省2016年计划单位生产总值能耗下降3.5%。2015—2025年河北省节能工作及节能力度对能源需求的影响可以设置如表5.2所示的 B_1、B_2、B_3 三种情景。

表5.2 节能工作及节能力度情景设置

情景	特征描述
B_1	基准情景:对河北省产业结构基本不做调整。按照现有节能潜力进行,2025年单位GDP能耗与2015年相比降低30%
B_2	优化情景:充分考虑当前的节能减排措施。对产业结构进行一定的调整。引进先进技术,但节约型的生活方式和消费理念尚未深入人心。2025年单位GDP能耗与2015年相比降低35%
B_3	低碳情景:考虑可持续发展,对产业结构进行合理充分调整、工业各行业部门内部调整、能源消费结构调整,节能设备制造业、核电产业、可再生能源产业加快发展。2025年单位GDP能耗与2015年相比降低40%

在人口控制方面,河北省2010年人口总数为7194万人,截至2014年河北省人口总数为7384万人,年均增长率约为0.66%,所以可以认为在宏观政策方面,节能工作起主要作用。

根据单位 GDP 能耗降低率的定义[75]，可知：

$$\frac{E_0}{G_0}(1-n)^t = \frac{E_t}{G_t} = \frac{E_t}{G_0(1+m)^t} \quad (1)$$

据此可以推得：

$$E_t = E_0 \left[(1-n)^t (1+m)^t \right] \quad (2)$$

式中　E_0——基年能源消耗量单位是万吨标准煤；

　　　G_0——基年 GDP 总量单位是万元；

　　　E_t——当期能源需求量单位是万 tce；

　　　G_t——当期 GDP 总量单位是万元；

　　　m——GDP 年增长速度；

　　　n——年度单位 GDP 节能率；

　　　t——基年至预测年份的年数。

其中 $\frac{E_0}{G_0}$ 为基期单位 GDP 能耗，本研究取 2014 年的数据为基期数据；根据《河北经济年鉴 2015》显示，河北省 2014 年的单位 GDP 能耗为 1.02。主要由于技术进步、结构优化、政策促进、工艺改进等导致单位 GDP 耗能量降低，根据表 5.2 情景设置，可以求得基准情景、优化情景和低碳情景下年节能率 n_1、n_2、n_3 分别为 3.50%、4.22% 和 4.98%。

5.2.3　能源结构情景设置

影响碳排放的因素包括：能源消耗量和能源消费结构。能源消耗量可以从（A_i，B_j）情景设置中求得，能源消耗量确定后，碳排放量只受能源消费结构影响。根据《中国可再生能源中长期规划》，到 2020 年可再生能源在能源消耗中所占的比重要达到 15%；同时考虑到基准情景、优化情景、低碳情景不同能源强度下可再生能源比重会有所不同。能源消费结构主要体现在可再生能源在能源消费中的比重，对可再生能源在能源消费中的比重设置如表 5.3 中的 C_1、C_2 两种情景。

表 5.3 可再生能源在能源消耗中的比重情景设置

情景	特征描述
C_1	对河北省能源结构不做调整，2016—2025 年可再生能源在能源消耗中的比重保持不变
C_2	节能基准情景 B_1 下，对能源结构略做调整。使得可再生能源到 2025 年比例达 10%，可再生能源年替代率为 1.05%
	节能优化情景 B_2 下，对能源结构进行一定的调整。开发新能源和可再生能源，使得可再生能源到 2025 年比例达 15%，可再生能源年替代率为 1.61%
	节能低碳情景 B_3 下，对能源结构进行合理充分调整、进一步加大可再生能源在能源消费中的比例，使得可再生能源到 2025 年比例达 20%，可再生能源年替代率为 2.21%

根据碳排放预测模型[47]：

$$\frac{C_0}{G_0}(1 - n)^t(1 - s)^t = \frac{C_t}{G_t} = \frac{C_t}{G_0(1 + m)^t} \tag{3}$$

可以推得：

$$C_t = C_0\left[(1 - n)^t(1 - s)^t(1 + m)^t\right] \tag{4}$$

由式 (2)、式 (4) 可得：

$$C_t = (1 - s)^t E_t R \tag{5}$$

式中 C_0——基年碳排放量，单位为万 tce；

E_0——基年能源消耗量，单位为万 tce；

R——综合能耗碳排放系数；

c——当期碳排放量，单位为万 tce；

G_t——当期 GDP 总量，单位为万元；

s——年平均可再生能源替代化石能源的替代率。

其中综合能耗碳排放系数 R 公式如下：

$$R = \sum P_i r_i \tag{6}$$

式中　*P*——某品种能源在能源消费总量中所占的比重；

　　　r——某品种能源对应的碳排放系数；

　　　i——能源品种。

根据 IPCC《国家温室气体排放清单指南》的常用碳排放系数，各种能源的碳排放系数取值如表 5.4 所示。

表 5.4　各品种能源碳排放系数（r_i）

原煤	焦炭	原油	汽油	煤油	柴油	天然气	水电、核电
0.7559	0.855	0.5857	0.5538	0.5714	0.5921	0.4483	0

5.3　预测结果与结果分析

5.3.1　单位 GDP 能耗预测分析

随着社会经济的发展，不论是按照现有的节能措施和产业结构一直持续下去，还是加大节能力度，改变产业结构，河北省的单位 GDP 能耗都会持续下降，如图 5.1 所示。

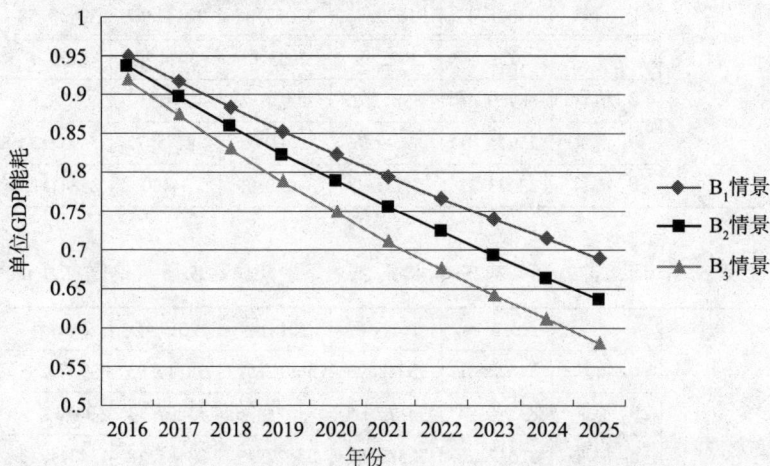

图 5.1　2016—2025 年河北省单位 GDP 能耗变化趋势

在 B_1 情境下河北省的单位 GDP 能耗在 2016 年到 2025 年间由 0.95 下降到 0.689。在 B_2、B_3 情景下到 2025 年河北省的单位 GDP 能耗分别为 0.635 和 0.581。B_2 情境下单位 GDP 能耗要比 B_1 情境下的单位 GDP 能耗低 7.83%。B_3 情境下单位 GDP 能耗要比 B_2 情境下的单位 GDP 能耗低 8.5%，比 B_1 情境下的单位 GDP 能耗低 15.6%。由图 5.1 可以发现不论是在 B_1 情境下、B_2 情境下还是在 B_3 情境下，单位 GDP 能耗年平均降低速度都很平稳。

5.3.2 能源需求量预测分析

根据式（1）和式（2）可计算得出各种（A_i，B_j）情景下的河北省 2016 年到 2025 年的能源需求量，其结果如表 5.5～表 5.7 所示。

表 5.5　河北省 2016—2025 年 A_1B_i 情景下的能源需求量　单位：万 tce

A_1 情景		2016 年	2017 年	2018 年	2019 年	2020 年
	B_1 情景	33820.61	34758.29	35721.96	36712.3	37730.14
	B_2 情景	32574.66	33228.58	33894.06	34576.93	35270.88
	B_3 情景	31305.45	31679.96	32058.95	32442.47	32830.58
		2021 年	2022 年	2023 年	2024 年	2025 年
	B_1 情景	38760.64	39851.2	40956.2	42091.72	43258.67
	B_2 情景	35975.41	36699.76	37431.6	38185.79	38952.54
	B_3 情景	33223.33	33620.78	34022.99	34430	34841.89

表 5.6　河北省 2016—2025 年 A_2B_i 情景下的能源需求量　单位：万 tce

A_2 情景		2016 年	2017 年	2018 年	2019 年	2020 年
	B_1 情景	34622.01	35748.96	36912.59	38114.03	39354.64
	B_2 情景	33346.54	34175.65	35023.76	35897.13	36789.5
	B_3 情景	32047.26	32582.89	33127.49	33681.18	34244.13

A₂情景		2021 年	2022 年	2023 年	2024 年	2025 年
	B₁ 情景	40619. 32	41958. 24	43324. 11	44734. 33	46190. 38
	B₂ 情景	37700. 53	38640. 18	39595. 74	40583. 17	41592. 41
	B₃ 情景	34816. 48	35398. 4	35990. 05	36591. 59	37203. 18

表 5.7　河北省 2016—2025 年 A_3B_i 情景下的能源需求量　单位：万 tce

A₃情景		2016 年	2017 年	2018 年	2019 年	2020 年
	B₁ 情景	36270. 39	37801	39396. 2	41058. 66	42791. 33
	B₂ 情景	34934. 19	36137. 38	37380. 28	38670. 48	40002. 18
	B₃ 情景	33573. 05	34453. 2	35356. 42	36283. 33	37234. 53
		2021 年	2022 年	2023 年	2024 年	2025 年
	B₁ 情景	44579. 22	46479. 03	48440. 59	50484. 8	52615. 2
	B₂ 情景	41375. 88	42803. 46	44271. 9	45800. 02	47377. 68
	B₃ 情景	38210. 67	39212. 4	40240. 39	41295. 34	42377. 93

　　同一发展速度下由于不同的节能工作或者节能措施的实施，使得所需的能源也不尽相同。在 A_1 情景低速发展阶段下，B_1、B_2、B_3 情景所需能源量如图 5.2 所示。

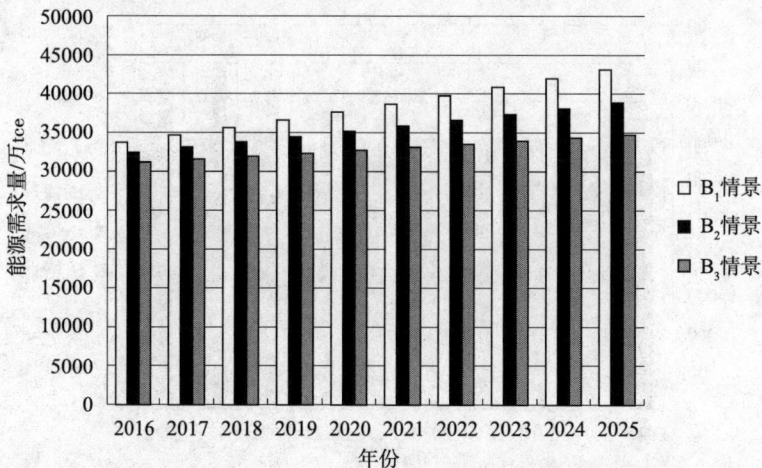

图 5.2　2016—2025 年河北省能源需求量（A_1 情景）

在低速发展阶段，不论何种节能工作或者措施下所需的能源量是逐年增加的，但是在不同节能工作或者措施下能源需求量增加的幅度有所不同。如图 5.3 所示，增加幅度从大到小的顺序依次为 B_1 情景、B_2 情景和 B_3 情景。

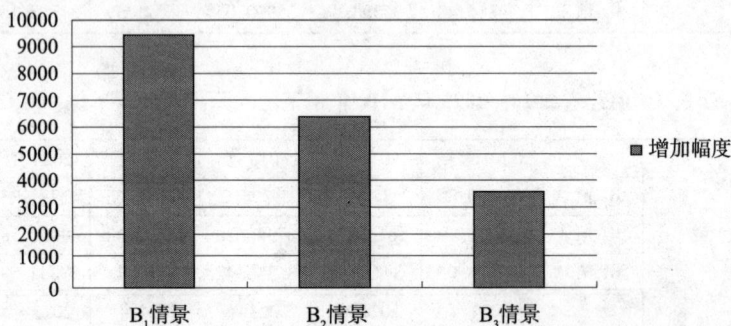

图 5.3　2016—2025 年河北省 B_i 情景下能源需求量增加幅度（A_1 情景）

根据预测结果可知在 A_2 中速发展情景下和 A_3 高速发展情景下，不同节能情景下的能源需求量也是逐年增加的。不同节能工作或者措施下能源需求量增加的幅度从大到小的顺序仍然依次为 B_1 情景、B_2 情景和 B_3 情景，如图 5.4 和图 5.5 所示。

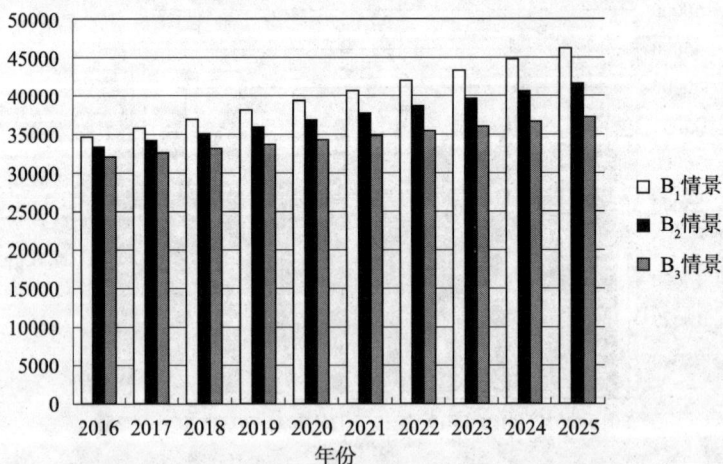

图 5.4　2016—2025 年河北省能源需求量（A_2 情景）

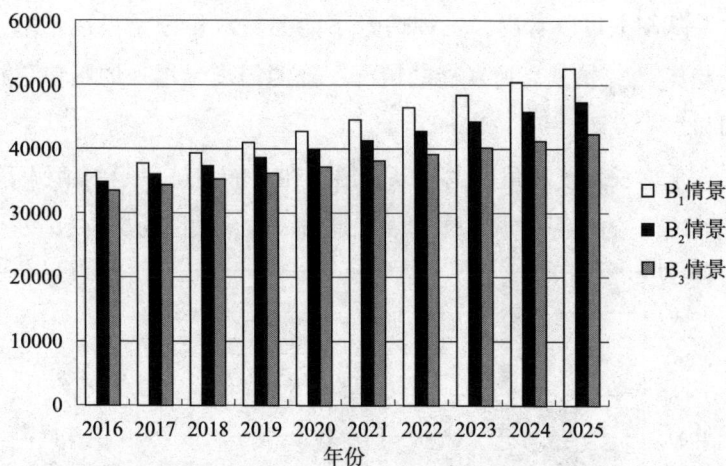

图 5.5 2016—2025 年河北省能源需求量（A_3 情景）

同理，在相同节能力度情景下，如果经济发展速度不同，能源需求量也不相同。在 B_3 低碳发展情景不变的情况下，A_1 情景、A_2 情景和 A_3 情景不同的发展速度所需能源的需求量的变化趋势如图 5.6 所示。

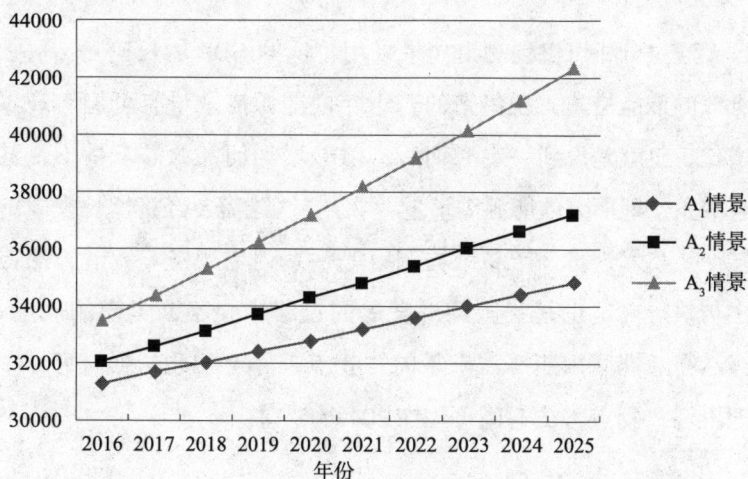

图 5.6 A_1、A_2、A_3 情景下能源需求量变化趋势（B_3 情景）

从图上可以看出，三种情景下能源需求量都是呈逐年增加的趋势，A_3 情景高速发展的情况下能源需求量增加的趋势更加明显。

从增长幅度的角度也可以看出，在节能措施一定的情况下，A_3 情景下的能源需求量增加幅度是最大的，如图 5.7 所示。

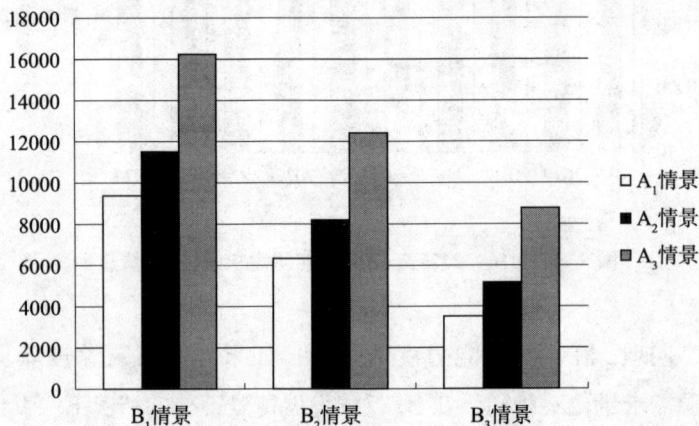

图 5.7　B_i 情景固定的情况下不同 A_i 情景能源需求量增加幅度

通过分析可以预测出如果采用较低的 GDP 增长速度、更加有效的节能措施，在将来的若干年内能源需求量有可能实现零增长，也就是说到一定时期后，GDP 增加而能源需求量不变甚至减少，即所谓的能源需求量"拐点"。这需要经济增长模式的转变、技术进步、产品结构调整等一系列更严格节能措施的提出与执行，这也是我国经济发展的过程中要不断考虑的问题。当然在短期间内能源需求量的"拐点"不会出现。据研究，中国出现"拐点"的时间可能在 2040 年左右[76]。

5.3.3　碳排放量预测分析

根据式（5）和式（6）可预测出河北省 2016—2025 年碳排

放量情景分析结果，如表5.8、表5.9所示。

表5.8　2016—2025年河北省碳排放量（C_1情景）　单位：万tce

		2016年	2017年	2018年	2019年	2020年
A_1情景	B_1情景	23880.66	24542.75	25223.2	25922.48	26641.18
	B_2情景	23000.9	23462.63	23932.52	24414.7	24904.7
	B_3情景	22104.72	22369.15	22636.76	22907.56	23181.6
		2021年	2022年	2023年	2024年	2025年
	B_1情景	27368.81	28138.85	28919.09	29720.88	30544.86
	B_2情景	25402.16	25913.63	26430.37	26962.91	27504.3
	B_3情景	23458.92	23739.56	24023.56	24310.95	24601.79
		2016年	2017年	2018年	2019年	2020年
A_2情景	B_1情景	24446.53	25242.26	26063.9	26912.24	27788.23
	B_2情景	23545.92	24131.36	24730.2	25346.89	25976.99
	B_3情景	22628.5	23006.71	23391.25	23782.21	24179.71
		2021年	2022年	2023年	2024年	2025年
	B_1情景	28681.22	29626.63	30591.07	31586.82	32614.93
	B_2情景	26620.27	27283.75	27958.47	28655.69	29368.32
	B_3情景	24583.84	24994.74	25412.5	25837.25	26269.09
		2016年	2017年	2018年	2019年	2020年
A_3情景	B_1情景	25610.44	26691.21	27817.57	28991.43	30214.87
	B_2情景	24666.96	25516.53	26394.14	27305.15	28245.46
	B_3情景	23705.86	24327.33	24965.1	25619.58	26291.22
		2021年	2022年	2023年	2024年	2025年
	B_1情景	31477.29	32818.75	34203.8	35647.21	37151.48
	B_2情景	29215.42	30223.43	31260.3	32339.3	33453.28
	B_3情景	26980.47	27687.79	28413.66	29158.55	29922.97

表5.9　2016—2025年河北省碳排放量（C_2情景）　单位：万tce

		2016年	2017年	2018年	2019年	2020年
A_1情景	B_1情景	23629.92	24030.06	24436.98	24850.76	25271.58
	B_2情景	22630.59	22713.22	22795.09	22879.96	22963.39
	B_3情景	21616.2	21391.36	21168.86	20948.68	20730.78

		2021 年	2022 年	2023 年	2024 年	2025 年
A$_1$情景	B$_1$ 情景	25689.21	26134.67	26577.31	27027.37	27485.02
	B$_2$ 情景	23044.99	23130.49	23211.92	23298.36	23383.54
	B$_3$ 情景	20515.15	20301.77	20090.6	19881.63	19674.84
A$_2$情景		2016 年	2017 年	2018 年	2019 年	2020 年
	B$_1$ 情景	24189.84	24714.96	25251.48	25799.6	26359.67
	B$_2$ 情景	23166.83	23360.58	23554.86	23753.55	23952.1
	B$_3$ 情景	22128.41	22001.05	21874.43	21748.53	21623.36
		2021 年	2022 年	2023 年	2024 年	2025 年
	B$_1$ 情景	26921.07	27516.48	28113.89	28724.21	29347.73
	B$_2$ 情景	24150.06	24353.47	24553.93	24761.08	24968.28
	B$_3$ 情景	21498.91	21375.18	21252.16	21129.84	21008.23
A$_3$情景		2016 年	2017 年	2018 年	2019 年	2020 年
	B$_1$ 情景	25341.53	26133.63	26950.49	27792.83	28661.55
	B$_2$ 情景	24269.82	24701.51	25139.72	25588.71	26043.74
	B$_3$ 情景	23181.96	23263.94	23346.22	23428.79	23511.65
		2021 年	2022 年	2023 年	2024 年	2025 年
	B$_1$ 情景	29545.56	30481.24	31434.08	32416.62	33429.83
	B$_2$ 情景	26504.4	26977.43	27453.69	27944.05	28441.23
	B$_3$ 情景	23594.8	23678.24	23761.98	23846.02	23930.36

在能源消费结构不变的情况下，碳排放量的多少和所消耗的能源量成正比，所消耗的能源越多碳排放量越多，在 C$_1$ 情景下能源消费结构不做改变和 A$_2$ 中速发展阶段，各节能力度下 2016—2025 年的碳排放量如图 5.8 所示。

可以看出从 2016 年到 2025 年间碳排放量呈逐年增加的趋势，增加的幅度从大到小依次为 B$_1$ 情景、B$_2$ 情景和 B$_3$ 情景，且三种情境下幅度增加的大小也是逐年增加，从大到小的顺序仍然为 B$_1$ 情景、B$_2$ 情景和 B$_3$ 情景，如图 5.9 所示。

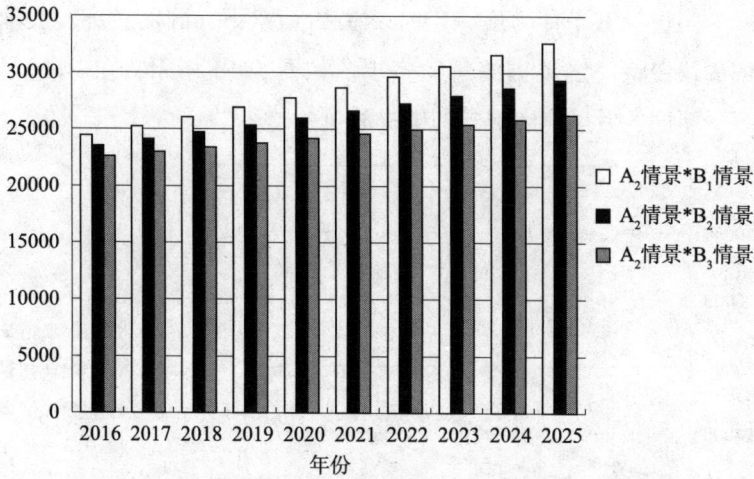

图 5.8　2016—2025 年河北省碳排放量（C_1 情景）

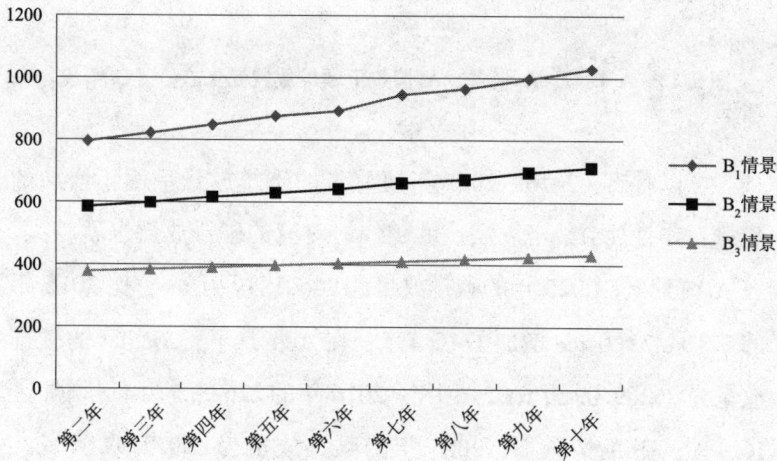

图 5.9　B_1 情景、B_2 情景和 B_3 情景下幅度增加的大小趋势

　　同理 C_1 情景下能源消费结构不做改变和 A_1 低速发展阶段和 A_3 高速发展阶段，各节能力度下 2016—2025 年碳排放量的趋势仍然是逐年增加，增加的幅度从大到小也是 B_1 情景、B_2 情景和 B_3 情景。

当情景 B_i 节能力度一定时，在 C_1 情景下，国民经济发展速度的快慢将决定碳排放量的多少。如图 5.10 所示，在 B_3 情景下，不同的发展速度引起的碳排放量的趋势。

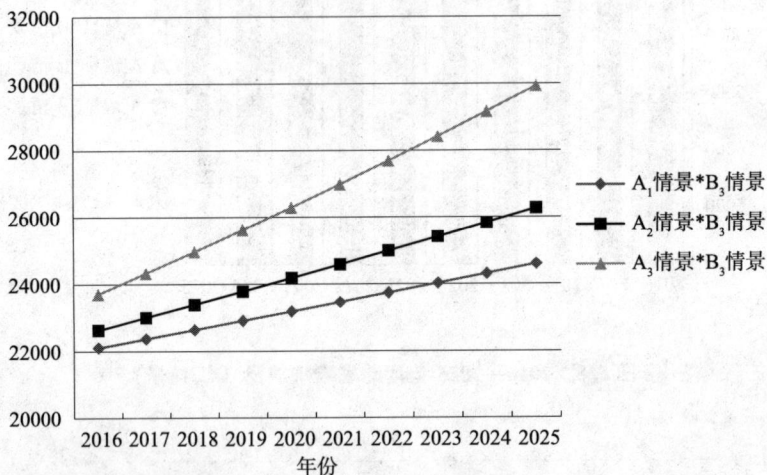

图 5.10 A_1 情景、A_2 情景、A_3 情景下碳排放量变化趋势（C_1 情景）

可以看出，2016—2025 年河北省的碳排放量呈逐年增加的趋势，并且社会经济发展速度越快，对应的碳排放量也就越大。在 A_1 情景下，2025 年的碳排放量为 24601.79 万 tce，比 2016 年的 22104.72 万 tce 增加了 10.1%；在 A_2 情景下，2025 年的碳排放量为 26269.09 万 tce，相比于 2016 年的 22628.5 万 tce 增加了 16.1%；在 A_3 情景下，2025 年的碳排放量为 29922.97 万 tce，相较于 2016 年的 23705.86 万 tce 增加了 26.2%。

在能源消耗量确定的情况下，碳排放量的多少就要受能源消费结构的影响。

如图 5.11 所示，不论能源消费结构中可再生能源的比重是多少，碳排放量依然呈现逐年增多的趋势，但是可再生能源在能源消费结构中占比高的比占比低的碳排放量要小。其增加的

趋势在 C_1 情景下比在 C_2 情景下更加明显，如图 5.12 所示。

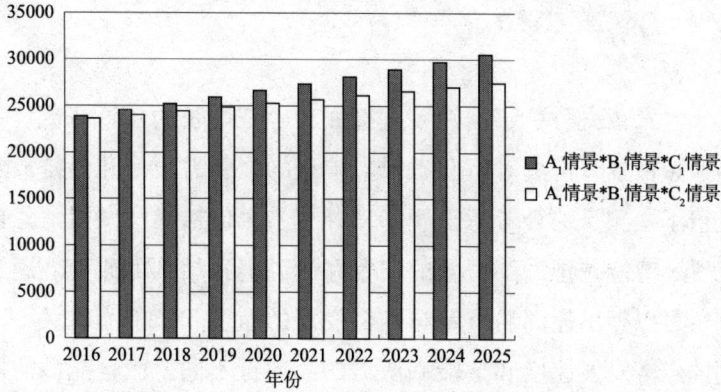

图 5.11　C_1、C_2 情景下的碳排放量

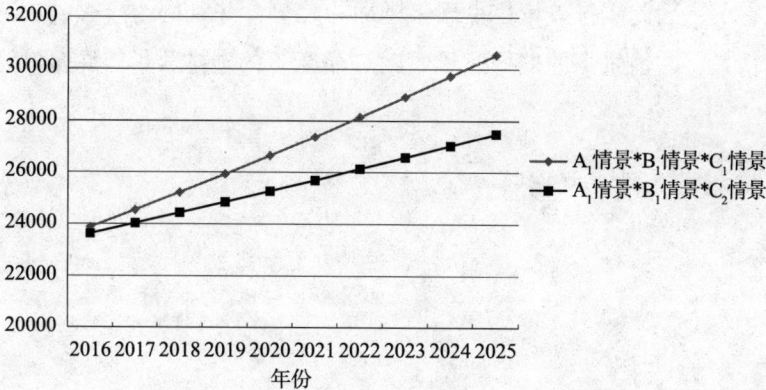

图 5.12　C_1、C_2 情景下的碳排放量变化趋势

可以进行相关预测，当可再生能源和低碳能源在能源消费中的比重达到某一值后，碳排放量有可能随着时间的推移呈递减的趋势，这种趋势在河北省现阶段的发展过程中还不能实现，但应该探索一条适合我国国情的低碳经济发展模式，不断调整能源消费结构，逐步增加可再生能源、低碳能源在能源消费中的比重，提高能源效率，增强节能技术的创新等，最终实现碳排放量的减少。

5.4　本章小结

　　本章首先分析了能源、碳排放和经济增长的实证研究，其后通过情景分析法对河北省未来十年的能源需求量和碳排放量进行了预测。综合考虑设置了多种情景，包括经济发展情景的设置、节能减排力度情景的设置和能源消费结构的改变。通过分析可以得出能源需求量与经济发展的速度和节能率有关，不同的经济发展速度和节能率所需的能源量不同，而且能源需求量呈逐年增长的趋势。碳排放量与能源消费结构及能源需求量有关，因此碳排放量也呈逐年增加的趋势，并且同为（A_i，B_j）情景，C_2情景下的碳排放量要比 C_1 情景下的碳排放量低许多。

第6章 节能减排发展战略及对策建议

6.1 基于宏观战略角度

6.1.1 我国节能减排发展战略及对策建议

针对我国节能减排发展中存在的问题，在学习发达国家在低碳经济和节能减排工作的成功经验的基础上，对于我国节能减排的发展提出三条对策建议：建立完善的节能减排综合机制，保证节能减排的长期有序开展；加快节能减排的技术创新，推动节能减排的深入开展；节能减排区别对待，应对区域发展不平衡。

1. 建立完善的节能减排综合机制，保证节能减排长期有序开展

机制就是制度加方法或者制度化了的方法，具体而言，机制是在各种有效方式、方法的基础上总结和提炼的方法，是依靠多种方式、方法来起作用的方法。为了规范能源开发利用和管理行为，规范环境污染物的排放和治理行为，构建稳定、经济、清洁、可持续的能源供应及服务体系，提高能源效率，保障能源安全，提高人居环境生活质量，推动资源节约型和环境

友好型社会建设，促进能源、环境与经济社会的协调发展，就要建立节能减排的政府、企业、社会长效综合互动机制，完善各主体对应法律政策制度建设。不建立起长效机制，没有法律政策的约束与保障，就不可能使节能减排深入持久地开展下去。

要建立节能减排综合机制，就必须完善节能减排法律法规体系，加快节约能源法、循环经济促进法、环境保护法配套法规建设以及相关产业淘汰、调整目录。首先，需要继续扩展有利于环境与资源保护的经济政策。在可再生能源法及节能法等法律中有关经济激励的规定和现行各项政策规定的基础上，加快配套的金融、价格、税收、投资等政策措施和经济机制体系的形成。新兴绿色技术和产业的发展要通过经济激励政策上的创新行动，各方面在环境与资源保护方面的利益要调控好，有效地调动各行各业各类经济主体的积极性来提供更加有力的政策激励。要大力发展第三产业，以专业化分工和提高社会效率为重点，积极发展生产性服务业；以满足人们需求和方便群众生活为中心，提升发展生活性服务业；要大力发展高技术产业，促进传统产业升级，提高高技术产业在工业中的比重，坚持走新型工业化道路。

除此之外，现实节能减排目标的重要手段是淘汰落后产能，要大力淘汰建材、电力、钢铁、电解铝、焦炭、铁合金、电石、造纸、化工、煤炭、食品等行业的落后产能。抓紧制定并认真组织实施淘汰落后产能分年度、分地区的具体工作方案。国务院有关部门每年将淘汰落后产能企业的名单和各地执行情况向社会公布，接受社会监督。要建立落后产能退出机制，有条件的地方要加强淘汰落后产能的资金支持。中央财政通过增加转移支付，支持经济欠发达地区。2008年年底以来，国务院陆续发布的有色金属、钢铁、轻工、石化、纺织等十大重点产业调整和振兴规划，围绕应对危机保增长、调整结构提出了明确要求，将淘汰落后产能作为其中的一项重要任务。

具体而言，下一步工作的重点，主要是集中在以下几方面：对资源性产品的价格进一步深入改革，落实成品油税费改革方案，完善天然气价格形成机制；继续完善电价管理制度，进一步深入推进电价改革；推进改革环保收费，提高收缴率；加快建立污染物减排激励机制，同时对超标排放的予以严厉处罚；继续控制高耗能、高排放和资源性产品的出口，并修订高污染、高环境风险产品名录，严格控制这类产品；逐步建立生态环境补偿机制，让为生态保护做出贡献的能得到相应的经济补偿，平衡各地发展；进一步扩大用于节能减排的企业债券的发行规模，金融机构继续加大对节能减排重大项目的信贷支持；在有条件的地区开展排污权有偿使用和交易试点。

此外，还应当强化目标责任，加强督促检查，落实奖惩措施，进一步强化政府的主导责任。要对各地的节能减排工作开展情况和相关优惠政策的落实情况加强监督，对那些违反相关规定的"高耗能、高污染、高排放"的项目要坚决制止。在日常监管中，各职能部门要加强节能减排执法检查，严肃查处严重破坏环境、严重浪费能源资源等问题。继续推进污染源普查，进一步准确掌握污染基数，加强污染源自动监控、环境质量监测、信息传输与统计等能力建设，使得对污染物排放的监测更加科学化。

2. 加快节能减排技术创新，推动节能减排的有效深入开展

要组织提高区域自主创新能力，培育科技创新型企业，着力抓好技术标准示范企业建设，加强与科研院校合作，构建技术研发服务平台。要围绕资源高效循环利用，积极开展对再利用技术、减量技术、资源化技术、系统化技术等关键技术的研

究，突破制约循环经济发展的技术瓶颈。

对于绿色产业及新能源领域来说，技术创新更能加快产业发展。我国正在积极开展节能技术、煤炭清洁高效利用技术、可再生能源和新能源技术以及主要行业二氧化碳和甲烷等温室气体的排放控制及处置利用技术的研究开发，使有关技术和产业发展的基础性、创新性和关键性技术被纳入国家科技发展规划和产业发展规划的优先领域，对于有关技术的科学研究、应用示范和产业化发展国家继续增加财政支持，在有关应用技术、工艺、设备研究方面发挥企业的主体作用。通过相关技术研发和技术创新以及切实有效的技术支持和技术服务来保障相关绿色产业的持续发展。同时，加大对风能、核能、水电和太阳能等清洁能源产业的投入，加大对新型高能效运输工具包括混合动力和电动汽车在内的投入，加快培养与之相关的装备制造业和服务业，使各种绿色产业和其他符合节能减排要求的新兴产业不断提高在国民经济中的比重，为节能减排奠定良好的技术和产业基础。

3. 注重公众利益，加强宣传教育

节能减排的工作是一项利于社会公众利益的事业，不但要加强技术培训和节能减排技术的交流，促使企业采用先进节能减排技术的投资改造，提升传统工艺积极性和主动性；而且要切实依托不同社会组织，在积极开展节能减排各方面培训工作的同时，结合当前节能减排工作中急需的产业结构调整、原料路线调整、产品结构调整、高耗能产品节能减排技术等方面开展研究和交流。

同时，一方面建立信息公开制度，把社会监督和舆论监督紧密结合起来，鼓励新闻媒体积极报道节能减排中的典型事例；另一方面，通过多种途径和方式，深入开展节约资源和环保宣传教育活动，进一步提高全社会对节能减排工作重大意义的认识，增强资源节约和环保意识，大力倡导绿色消费，使降低能源消耗、减少污染排放、保护生态环境成为广大企业和社会公众的自觉行为，努力营造节能减排的良好氛围。

4. 制定节能减排区域针对性措施，应对区域发展不平衡

全国不同地区的经济发展随着相继提出和实施的西部大开发、促进中部地区崛起以及临海经济发展、振兴东北地区老工业基地等战略得到了极大的促进。但我国各省（市、区）经济社会发展由于受自然基础条件等多方面因素的限制仍然呈现出极大的不平衡性，这种不平衡性主要表现在城市化率、区域人均 GDP、工业化率、产业结构等方面。我国特定的生产力布局形成了南方相对发达，北方相对落后，东部沿海相对发达，西部相对落后的格局。

能源分布方面，呈现出分布广泛但区域分布不均衡的特点，能源生产结构具有明显的区域特征。其中西部地区为新兴的能源生产基地；中部地区产煤量大；东部地区海上油气资源以及风力资源相对丰富。我国的许多地方天然存在的能源分布与后天发展的经济需求不平衡，必须从其他地区调运能源以满足该地区的经济发展需求。在区域环境方面，三种主要污染（大气污染、水污染和固体废物污染）排放各有升降。其中除水污染基本呈现逐年降低趋势外，固体废物污染和大气污染物均呈现出了逐年上升的趋势。节能减排能够缓解我国各地区资源约束矛盾，转变经济发展方式并调整区域经济结构。

出台和实施了国家节能减排各项措施后，各地区减排取得了可喜的成绩，明显提高了能源利用效率，环境质量也得到一定改善。各地区的节能减排虽然取得积极进展，但同时依然存在多方面的问题，如产业结构不合理，高耗能工业增速较快等。

特别是在国家先后出台政策扩大国内需求，促进经济平稳较快增长后，一些地方又重新盲目上高耗能、高排放项目；还有一些企业效益回落，使节能减排重点工程实施受到影响。这些都给节能减排工作带来新的问题和挑战。

在贯彻国家节能减排政策的同时，由于考虑国家节能减排政策更多的是从国家宏观层面整体布局，并未能充分考虑到我国区域社会经济发展的不平衡性，各地要根据本地区的经济社会发展的实际情况，制定出更加符合本地区的节能减排政策措施。

6.1.2　河北省节能减排发展战略及对策建议

分析河北省发展战略及对策建议，可以从产业结构发展的角度，来说明节能减排的宏观战略。

1. 实现第一产业科学发展

河北省地理气候条件优越，农业的发展为其他产业的发展打下了良好的基础，因此应立足于现有的优势，巩固并寻求发展。将产业各环节联系起来，实现产业链发展，对于生产的产品进行深加工，提高产品的加工转化率，使劳动力在全产业链分配，推行标准化生产，提高农林牧渔业产品的治理水平，保证百姓的生活安全。河北省的农产品品种丰富，产量可观，可是产品附加值低，往往在省内或邻近区域消费，导致发展速度和程度受到影响。故河北省应促进农产品的跨区域，国际化经营，参与到世界农业竞争中去，在国内外建立生产、加工基地，应用先进农业技术，培养优势品种，增加产品数量。

建立河北省的效益与生态并重发展机制，达到农产品持续、健康生产状态，实现产业化规模。科学规划种植业、养殖业，发展农产品、肉类产品加工业，开发健康保健品、美容食品，创立高知名度的品牌，以质量取胜，开拓国际国内市场，提高产品的附加值，解决农村过剩劳动力的就业问题，吸引他们到离家不远的加工园区工作，使农民就业稳定、收入稳步增长。健全强化质量安全体系，提高领导干部工作能力，建立好病害防治体系、环境监测体系，实施好过程控制。健全相关的服务体系，加强网络信息建设，争取以网络为载体，实行产品需求信息的有效交流，为产品提供国内与国际的需求信息。鼓励现代物流，使产品可以更安全快速地到达，减少时间成本，创造更有利于竞争的市场环境。建立河北省农业生产龙头企业，政府鼓励社会资本进入到省内进行农业产业化经营，带动农民发展特色经营，开展农业生态园、采摘园等项目，实现多样化经营。

推广适合河北省的优良品种，以农业标准化代替以前的耕作方式对耕地实施保护，摒弃占用耕地或使其土质下降的行为，提高中低产田的生产能力。占用耕地的项目不予审批，对于农民非法占有耕地的行为严格执法，予以一定经济上的惩处。对河北省灌溉系统进行节水改造，合理利用水资源，缓解省内水资源缺乏的状况。提高养殖业在河北省的占有份额，发展水产养殖和加工业，方便省内人民生活，开拓北京、天津、石家庄、保定等城市的市场，加强科学技术化管理，实现产业化科学化发展，确保农民增收。近年来风沙多次侵袭河北省，严重影响了生产和生活，应大力植树造林，增加绿地面积，发挥其调节气候、净化空气、防风固沙的良好作用。加快速度进行经济林建设，优化品种，因地制宜。

给予专项资金鼓励研究开发种子资源分子评价技术、种子综合加工技术，加强利用农村生物质材料，摒弃燃烧等污染环境的做法，开发农村废物及污水资源化利用技术，保护专利和知识产权，避免受到不法侵害。在省内建设种养业良种中心，建设生态控灾示范工程。数字化信息化检测动植物状况，对土壤光热准确检测，合理配比水、肥料等资源，避免造成不必要的浪费和环境负担加重，实现科学化管理。发展规模化农业，实行农业工厂化，采用高效栽培等新技术，加紧研发环保特性高的肥料，创建能自动规避外来有害物破坏的生态系统。引导农业向智能化、产业化发展，提高其综合生产能力。

2. 提升第二产业发展水平

（1）加强技术创新，提升产业技术层次。

技术创新可以提高纯技术效率，可以影响能源要素的生产和投入，对优化资源配置，推动产业结构的升级，完成节能减排工作必将起到至关重要的作用。同时减排技术的提高可以使排放到外界环境中的污染物数量减少或浓度降低。虽然河北各行业的技术水平在逐年提高，但是与世界发达国家相比还有不少差距，比如有色金属矿采选业、黑色金属冶炼及压延加工业、煤炭开采和洗选业、造纸及纸制品业、化学原料及化学制品制造业等行业的技术改进空间巨大。更为先进的设备、更完备的工艺流程耗能少，对于环境的伤害明显较小。节能和控制排放技术的更新和应用对于煤炭、电力、钢铁等行业的节能减排工作助益不容小视，比如烧结余热发电技术、热泵技术、电机系统改造技术等。而科学技术的创新应用到各个企业中，将导致行业内部升级，最终达到产业结构优化的目的。

新技术的应用对于资源消耗有替代作用，对于解决我国日益严重的能源危机，调整劳动力等其他生产要素的投入量及行业规模等都至关重要。外国先进的机器设备和技术价格昂贵，且很难引进到一流的技术，河北省乃至全国很多企业遵循着其技术路线，却并不具备核心技术，关键的零部件只能靠进口，生产中往往出现遇到难题只能请国外厂商代表来解决的现象，始终受制于人。河北省的黑色金属冶炼及压延加工业，非金属矿物制品业，电力、热力的生产和供应业的节能潜力大，能源消耗量也大，如果在这些行业中应用世界领先技术，则可以节约大量的能源，产生的废气废物量减少。这不仅有利于缓解我国能源紧张的现实状况，而且还可以减少政府和企业排污治污的人员、资金等各项投入。

（2）淘汰落后产能，减少能源环境压力。

实现更高效的落后产能淘汰机制，特别是石油和天然气开采业、黑色金属冶炼及压延加工业、非金属矿物制品业、电力、热力的生产和供应业等行业，其对于改善河北省的能源环境紧迫情况意义非凡。目前河北省有相当比例的技术装备跟不上时代步伐的企业，其中有国有制企业，也有非国有制企业，这些企业耗费更多的能源，对自然造成更恶劣的影响，排污系统、循环系统建设的并不理想，生产出的产品也并不是不可替代的。这样的企业无论所有制形式如何，都应该实行限期整改，促使其向着更高效、更洁净的方向演进，然而对于在改造期过后仍无法达标的企业，应予以关停，使行业平均水平得以提升。

合理评估河北省黑色金属冶炼及压延加工业、石油加工、炼焦及核燃料加工业、电力、热力的生产和供应业等行业的规模，将其控制在合理的范围内。竞争性差的市场模式不利于企业向国际化进军，阻碍所在行业向更科技化迈进，最终将使其与其他国家和地区的同行业的差距越来越大，发展缓慢。完善市场机制，使市场向多元化方向发展，使企业在市场竞争的压力下有足够的动力提高劳动生产率，改善经营管理。在市场的自发调节与河北省政策调节的双重作用下，逐渐提高行业的综合效率,规模更加趋于合理化。

(3) 完善政策制度,促进节能减排工作。

利用财政政策引导黑色金属冶炼及压延加工业,电力、热力的生产和供应业等行业健康发展,逐步改善粗放式发展模式。比如采取给予财政补贴、提供专项资金等方式,将有限的预算用于开发节能项目、支持减排项目,提高资金保障程度,同时引导社会资本进入到这些千秋功业的项目中来,共同推进节能减排事业向前发展。收录更多节能效果明显的产品进入采购目录,政府提高采购绿色产品的比例,切实把保护生态平衡,减少能源消耗工作落到实处。对节能减排产品进行试点,加快推进所采购节能减排产品的应用,促进节能环保产业的发展,帮助其产品打开市场销路。对于有利于节能减排工作的科研项目,政府可以考虑提供低息贷款,降低项目成本,提高企业的积极性。

进一步健全信用担保体系,为化学原料及化学制品制造业、非金属矿物制品业等行业的发展提供融资担保服务。加大财政支持力度,重点支持关键共性技术研发、产业化示范工程、创新能力建设、产业链和产业基地培育,认真落实税收优惠政策。引导金融机构加大对战略性新兴产业的信贷支持。引导商业银行调整优化信贷结构,积极推进知识产权质押融资、产业链融资等新模式,积极争取政策性银行的扶持,鼓励政策性信贷资金向节能潜力大、污染严重的行业流动。

3. 重点发展战略新型产业

新能源的关键是针对传统能源利用方式的先进性和替代性。严格地说能够实现温室气体减排的技术都可以列入新能源,但又不仅仅局限于此。由此分析广义新能源主要涵盖高效利用能源、资源综合利用、可再生能源、代替能源、核能以及节能。

保定已经建立了国家新能源产业基地，英利、天威等企业入驻其中，有利于河北省经济环境协调发展。

发展转基因育种技术。与常规育种技术相比，转基因育种在技术上较为复杂，要求也很高，但具有常规育种技术不具有的优势：拓宽可利用的基因资源，为提供高产优质高抗的优良品种提供了崭新的育种途径，可以对生物的目标性状进行定向变异和定向选择，可以大大提高选择效率、加快育种进程，还可将植物作为生物反应器生产药物等生物制品。这些新型产业有利于河北省的长远发展，是政府今后重点发展的产业。

新材料产业包括新材料及其相关产品和技术装备。新材料的应用必将使能耗降低，有助于节能减排工作的推进。新材料主要指信息材料、能源材料、生物材料、汽车材料、纳米材料及技术、超导材料与技术、稀土材料、新型钢铁材料、新型有色金属合金材料、新型化工材料、生态环境材料、军工新材料。投资于新材料研发是河北省可以考虑的方向。

电子信息产业、物联网与互联网的结合是河北省产业优化的重点之一。从 20 世纪 90 年代以来，网络在短短十几年中蓬勃发展。在现代办公中，电脑笔记本的应用非常普遍，由此也催生出各种新事物。目前我国的网站数量已达数千家，电子商务发展迅速，办公、杀毒、娱乐等方面的软件投入市场，创造了以亿元为单位的价值。如百度、京东等企业迅速崛起，在短短几年时间内就形成了品牌价值，创造出大量的社会财富。而这些产业中目前在中国很多还属于发展初期，其前景是非常光明的，这些软产品的附加值相当高，消耗的能源又非常少，对环境更是鲜有影响。河北省应抓住机遇，积极促进高新技术产业的发展，实现 GDP 增长与能源环境并重。

河北省产业结构不合理，是三次产业共同作用的结果，故本章针对三次产业都提出了建议，使三次产业同时向更优化方向发展。同时发展战略新型产业是促进节能减排的必然选择。关于第一产业，建议提高产业化程度，向智能化、科学化发展，鼓励产品进行深加工等。在同样满足现有人民基本生存需要的情况下，其产业结构比例必然降低，从而达到产业结构优化调整的目的。关于第二产业，提出加大创新投入，淘汰落后产能，完善政策制度等，促进产业结构升级。黑色金属冶炼及压延加工业，电力、热力的生产和供应业等行业全要素能源效率低，能源消耗量大，应确立为重点行业。关于第三产业，其能耗低污染少，加快其发展既可以保证河北省经济发展，同时也避免了能源消耗和环境污染，故提出发展金融商务服务业、新型旅游业等。关于战略新型产业，建议着重发展新能源、新材料等行业，这些行业高技术、高附加值、低污染，是促进节能减排的优选。

6.2 基于微观战略视角

6.2.1 政府角度的微观对策建议

1. 明确政府在节能减排中的主导地位

政府要在节能减排中发挥主体作用，建立节能减排管理机制，坚持法规政策与激励措施相结合，合理发展和调整产业结构，制定适宜的相关税收政策。

（1）建设信息化的能源环境综合管理模式。

能源是关系到国家经济命脉的产业，因此对其管理必须要按照统一管理、分级负责、责权一致的原则。政府在其过程中发挥着至关重要的作用，政府的能源管理是政府按照事物发展的客观规律，从能源生产到能源消费的全过程进行计划、组织、指挥、监督和调节等的一种社会职能。政府是经济、政治、文化和社会生活的组织者、管理者，在创建节约型社会中负有主要责任。政府对能源的管理是指对能源的开发、生产、分配、转化和消费进行组织、指挥、监督、检查和调节等，要使用信息技术手段，建设一个信息化的能源环境综合管理模式。

（2）加强政府的公共职能。

政府职能应逐步从竞争性领域退出，向服务型政府方向转变，减少和规范行政审批，放宽市场准入，公开准入标准，真正实现"谁投资、谁决策，谁受益、谁承担风险"，确立企业投资主体地位，激发企业进行技术创新和节约资源、保护环境的积极性。

（3）加强节能减排的监察、监测力度。

政府要有限采取行动，加强执法监管，这样才能规制企业的行为，使其能够看到节约降耗有利，并且有责任对其产品的环境影响负责，从而使企业走向良性循环。政府应研究、建立以及实施科学、一致的节能减排统计指标体系和监测体系，组织开展节能专项检查；发挥规范、协调企业行为和督促企业自律的作用；强化能源管理，健全能源开发利用的监管体系。政府还应逐渐淡化行政审批等行政管理职能，在进行经济监管的同时，加强技术、安全、环保等社会监管手段；建立集监管性、技术性、专业性、服务性于一体的监管机构，这样不仅可加强政策执行的力度，也能使政府主管部门集中精力做好制定政策的工作，更为重要的是，能在监管机构与政府决策机构之间形成有效的制约机制[77]。

2. 发挥政府调控职能、完善政策体系[78]

（1）加大资金投入力度。

政府应设立资源节约、节能技改奖励、淘汰落后等专项资金。用于支持节能技术研究开发、节能技术的示范与推广、节能照明器具等节能产品的推广和使用、重点节能工程项目的实施等。

（2）贯彻差别电价政策。

对于淘汰类和限制类企业（设备）适当提价，将收取差别电价增加的电费收入专项用于支持经济结构调整、资源深度加工延伸产业链条和节能减排项目。实施鼓励电价政策，支持利用生物质能、风能、余压余热、煤矸石、瓦斯气、城市垃圾等发电。合理调整各类用水价格，加快推进阶梯式水价、超额用水加价，制定并落实鼓励利用再生水、矿井水、海水、雨水等的价格政策。

（3）探索建立重点区域、重点企业淘汰退出的补偿机制。

积极贯彻落实国家淘汰落后产能的有关政策，切实落实关停淘汰企业有关财产设备的税收减免政策。利用淘汰落后专项资金、收取差别电价增加的电费收入等。对淘汰落后任务重、经济利益影响大的区域和企业给予适当补助。

（4）拓宽融资渠道。

严格信贷管理。加大对节能减排和循环经济项目的信贷支持、政策引导和信息服务，建立信贷资金支持节能技术改造的长效机制。

（5）加大环保执法力度。

严厉查处环境违法行为。集中力量解决环境突出问题，努力解决群众反应强烈、久拖不决的环境问题，确保查处到位、整改到位、责任追究到位，挂牌、停产处置到位。

3. 建立和完善经济激励与制约机制

经济激励机制是为了节约能源、保护环境而对节能减排、环境友好的企业采取财政援助、低息贷款和低税收等经济激励的手段，促使企业节能减排、保护环境、合理利用能源资源的机制。在完善的经济激励与制约机制指导下，可以综合运用税收、收费基金、补贴、支付等政策工具，推动可再生能源发展，减少和控制污染物排放，促进节能减排工作的开展。

（1）财政激励与制约机制。

财政政策可以在经常性、资本性、建设性预算中，加强对节能减排的投资力度，加大对节能减排监测、执法、标准等基础性工作的财政支持力度，从而起到导向性的作用。因此，财政政策作用发挥得如何，将直接关系到节能减排工作的进展。

我们可以通过制度创新和机制改进，充分发挥财政政策和财政资金的激励作用，促进各级政府、企业及全社会重视节能减排工作。政府可以考虑给节能减排达到一定目标的企业以财政补贴，如采取物价补贴、企业亏损补贴、财政贴息、税前还贷等。同时，对企业生产经营过程中使用无污染或减少污染的机器设备实行加速折旧制度，对于使用节能产品或者进行节能改造的项目单位或个人也给予适当财政补贴等，通过政策激励引导整个社会资源向循环经济的方向发展。

在下一步工作中，应继续通过制度创新和机制改进，发挥财政政策和财政资金的杠杆作用，促进各级政府、企业及社会重视节能减排工作，推动经济发展方式和消费模式转变，确保节能减排任务的完成。今后一个时期，财政支持节能减排的主要任务是：支持国家重点节能工程，实行"以奖代补"的新机制，不按项目投资额进行补助；支持中西部城市污水处理设施配套管网建设；采取专项转移支付的方式，支持欠发达地区淘汰落后产能；支持建立节能报告、审计制度和能效标准、标识制度，做好节能减排基础工作。

（2）税收激励与制约机制。[79]

第一，酝酿开征环境税。2007 年 6 月，国家发改委会同有关部门制定的《节能减排综合性工作方案》中，明确提出中国拟开征环境税。我国专家和学者对开征环境税进行深入研究和探讨，提出环境税征收的三种方案：独立型环境税、融入型环境税和环境税费方案三种类型。独立环境税方案根据不同付费原则把环境税分为三类：一是按照"受益者付费原则"对所有环境保护受益者征税，是以缴纳增值税、消费税、营业税的单位和个人为纳税人，主要目的是筹集环保资金。二是以"污染者付费原则"为征收原则，对污染物排放量征收直接污染税。三是以"使用者付费"为原则，对使用煤炭、燃油等污染产品征收污染产品税。独立环境税方案涉及范围很广，包括环境保护受益者、环境污染制造者、污染产品使用者，这样可以增强全社会环境保护意识和限制环境污染行为；融入型环境税是对现有税制的修改和进一步完善，针对现有涉及节能减排的税种存在问题进行完善，这种方案对促进减排的作用较弱；环境税费方案是在现有环境收费的基础上进行的费改税改革，在征收上具有法律依据，但要对税率等重新进行设定。

第二，适时开征碳税。由于能源分布的情况，我国是世界上少有的以煤炭为主的能源消费国之一。随着经济高速发展，碳排放量逐年增加，所以，适时开征适度的碳税，有利于加重这些高耗能企业和高污染企业的负担，抑制高耗能的增长。开征碳税，可以单独设立针对碳排放征收的专门税种，也可以作为环境税的一个税目，配合环境税的开征，弥补环境税的缺位。开征碳税在政策和技术上具有可行性。碳税税制要素可这样设计：①征收范围和对象。在生产、经营等活动过程中因消耗化石燃料直接向自然环境排放的二氧化碳。碳税的征收对象是煤炭、天然气、成品油等化石燃料。②纳税人。根据碳税的征税范围和对象，碳税的纳税人为向自然环境直接排放二氧化碳的单位和个人。③税率。碳税税率需要采用从量计征的方式，即采用定额税率形式。

第三，开征燃油税。汽油、柴油等矿物燃料在燃烧的过程中产生有害气体，这些气体是空气污染的主要来源。随着经济快速增长，社会机动车拥有量大幅度攀升，我国成为世界第二能源消费大国，而我国石化燃料资源稀缺，石油、天然气人均可采量仅为世界平均水平的 8%。开征燃油税有利于减少空气污染，适合我国节能减排的基本国策。2009 年 1 月 1 日我国实施了准备多年的燃油税费改革，并没有开征独立的燃油税税种，而是通过提高燃油的消费税税额进行替代。纳税人的负担只是将原有养路费等收费的负担转化为成品油消费税税额的提高，对有效限制汽车用油的消耗量的作用不大。借鉴国外经验，可以考虑单独征收燃油税。税收要素可以考虑这样设计，①征收范围为：汽油、柴油、煤油、石油、天然液化气和其他燃料（如果开征了碳税，石油和天然气不在征收范围内）。②税率：燃油税实行从量定额征收，税率考虑实行浮动税率，随着售价的变动而变动，也就是当原油价格升高到一定高度时，把税率降低，平抑国内市场价格。当原油价格降低时，相应地提高税率。③计税依据和纳税环节。以销售数量为计税依据，实行价内税。

第四，改革和完善现有税收政策。①改革消费税。煤炭在我国能源中占有重要的地位，我国现阶段能源耗费主要是煤炭，为提高使用效率可以考虑对煤炭开征消费税。可以根据煤炭品种污染程度确定不同税额，在开征初期首先采用低税额大面积征收方针，对清洁煤炭实行减免政策。还可以对那些以难以分解、使用中会造成污染和无法回收为原料生产的包装物，电池以及氟利昂等产品列入消费税征税范围；另外考虑在消费税税目中增设一次性餐饮容器、塑料包装袋、含磷洗涤剂等产品。②完善有关增值税政策。现行增值税基本税率为 17%、13%，可以考虑同一类产品实行差别税率，污染排放小对环境影响低的产品实行低税率；对生态有害或对环境影响较大的产品实行高税率。比如，使用清洁燃料（乙醇、氢气、石油液化气）的汽车适用低税率，对使用汽油、柴油的汽车产品适用高税率。不同类产品之间可以替代的，对生态保护有利或污染较小产品适用低税率；反之对生态有害或对环境影响大的产品适用高税率。比如，摩托车和电动车之间存在替代效应，可对电动车实行低税率，摩托车实行高税率。③完善车船税。建议细化原来的计税标准，根据不同能耗水平和污染程度实行差别税率，分档征收。在征管上，各地地方税务机关和保险监管机关要加强对保险机构代收代缴工作的监督检查，进一步规范车船税代收代缴工作。④建立完善绿色关税。目前，发达国家大都制定一套限制进口的环境标准，实行绿色关税壁垒（也称环境壁垒），对一些污染环境、影响生态的进口产品征收进口附加税，或者限制、禁止进口，甚至实行贸易制裁。我国是世界贸易组织的一员，也应制定相关关税政策，以适应全球环境保护下的国际贸易发展。

第五，增加减排的财政投入。一方面，人们常常认为，企业尤其是国有企业理所当然应承担更多减排的社会责任。但是，理论与实践都证明，实现减排仅仅依靠企业自觉是靠不住的。减排项目具有很强的社会效益，但在开发初期投资大，当期经济效益不确定。投资存在一定风险，支持减排项目的实施，需要政府财政的介入。另一方面，随着向市场经济的转变，政府财政职能转变导致减排优惠政策越来越少，目前一些省市虽然利用财政资金支持减排项目，但资金保障程度较低，所以减排项目需要政府、企业和个人三方共同增加资金投入。

（3）市场激励与制约机制。[77]

市场作为资源配置的一种主要方式，在我国经济生活中发挥着非常重要的作用。市场这只"看不见的手"会以它内在形成的市场经济中的价格机制、供求机制和竞争机制引导资源的最优配置，使消费者依据效用最大化的原则做出购买决策，使生产者依据利润最大化的原则做出销售决策。

实现节能减排的约束性目标，除了发挥政府的作用，采取必要的行政手段、法律手段之外，经济手段显得越来越重要，尤其是利用市场机制更为迫切。因此，必须建立反映资源稀缺程度的价格形成机制，充分发挥市场配置资源的基础性作用，用价格杠杆促使企业在高昂的污染代价和节约、循环利用资源之间做出正确的选择，自觉落实节能减排目标，走资源节约和环境友好之路。

一是优化价格杠杆作用。节约、循环再生利用资源能否带来经济效益以及效益的大小，都与环境资源的价格机制是否合理相关。合理的价格体系能够为节约、循环利用资源带来经济效益，促进资源节约社会的发展。通过价格杠杆能强化企业对资源的减量化、再利用和循环使用，使企业主动核算运营行为的资源成本、生态成本以及废弃物利用的收益，使其能自觉地节约资源。比如实施资源有偿使用制度，使企业的环境资源行为必须担负相应的社会成本；对于"三高一低"（物耗高、能耗高、污染高、效率低）企业，提高初次资源的价格和收费标准，在价格上设置这些行业企业的准入"门槛"；依据价值规律和供求关系准则推进环境资源价格的市场化，使资源价格真实反映其价值、稀缺度和环境成本，并提高稀缺资源的价格。完善市场在资源配置过程中的基础性作用，发挥资源性产品的价格杠杆作用，引导企业和公众的行为，促进节能。资源的稀缺性必须通过市场供求关系反映为高价格，才有利于节约。否则，企业没有压力来实施节能降耗，公众也不会有节能的内在动力。

二是发挥市场对产业的引导作用，大力发展环保产业。市场需求决定了一个产业的形成与发展。治理环境、节约能源、发展经济使得人们对环境保护、自然资源利用的需求越来越大，这些都为环境、资源产业的发展提供了有力的动力机制。随着环保资源企业产业化进程的推进，可实施"污染者付费""谁投资，谁受益"的政策，将其潜在市场变为现实的市场，并为国内外多种经济成分注入环保业创造条件。使排污企业通过"谁污染，谁付费"的政策来专注于经济效益生产，而将污染治理交给专业化程度高的环保企业去做。这就借助市场为环保产业创造了投资多元化、治污集约化发展方式。

三是突出市场对消费模式的引导作用，倡导节能型绿色消费方式。要通过广泛深入的宣传和丰富多彩的活动，在全社会树立节能环保的意识，促使每个社会成员都能够自觉履行节能和环保义务，形成共同推进节能减排的全民节能的良好社会氛围。同时，要进一步提高全民节约意识和忧患意识，大力倡导节约、环保、文明的生产方式和消费模式，形成人人讲节约、事事讲节约、时时讲节约的良好社会氛围，并且能够成为每个公民的自觉行动。只有社会各个阶层、各个领域、方方面面都积极地行动起来，节能减排才具有坚实的社会基础。因此，要借助市场这只"看不见的手"引导用户和消费者购买节能型产品。

4. 产业结构的改善与调整

（1）提高准入条件。

一是认真执行环境影响评价和"三同时"制度，推行规划环评、战略环评，实施工业园区入园企业环境准入制度，提高新建项目环保准入门槛。二是把节能评估审查作为固定资产投资项目的强制性准入门槛。所有新建、改建和扩建项目必须实行节能评估审查。

（2）改善三大产业。[80]

1）农业优化。

农业作为整个国民经济的物质基础，不仅承担着解决人民温饱问题的职责，还承担着向其他产业部门提供原材料的艰巨任务。因此为确保河北省经济的可持续发展，需要加大对农业的投入和支持力度，夯实农业基础。具体措施有：一是省委、省政府要把解决农业问题提高到全局高度来认识，建立健全为农业服务的机构，加大对农业的政策扶持力度。二是建立稳定的农业投入机制，加快推进全省农业现代化的进程，充分发挥好农业科技示范园区的窗口作用、基地作用、示范作用、导向作用，及时推广新型成套农业技术，积极提升农业的科技含量，大力提高农产品的质量、扩大农产品的品种，努力实现我省农业综合竞争力和整体产出效益的提升。三是根据河北省农业自然资源地理环境分布的实际情况，在确保粮食生产发展的同时，调整农业内部比例，大力发展以绿色消费和高效生态为导向的特色农业、绿色农业、城郊农业和出口农业，使河北省真正成为具有部门优势的农业大省。四是做好农产品的加工转化，着力推进农业产业化经营。河北省与其他一些农业强省的差距，主要体现在农产品加工方面。农业产业化经营主要是抓两个环节：一方面不断完善农产品区域布局规划，加快建设规模较大、优势明显、各具特色的各类农产品基地，形成竞争力强的产业带；另一方面加快农业专业合作经济组织的发展，以适应市场经济。

2）第二产业的改善。

第一，加大培育主导行业群。

主导行业又称带头行业，是指在经济发展的某个阶段根据区域内市场需求、资源状况等选择的可以带动其他行业发展的，进而能够促进产业结构高度化、现代化的，对本区域经济发展起到决定性意义的产业部门。其具体内涵主要包括以下几点：首先，主导行业是指能够引导、带动区域内其他经济全面发展的行业；其次，主导行业因为往往具有在当时阶段最高水平的技术装备，因而在产品研发、开辟市场等方面走在了最前端；最后，因为国民经济的发展为主导行业创造了能源供应、技术装备等诸多方面的良好环境，因而主导行业的增长要快于一般部门。在第二产业中可以将黑色金属冶炼及延压加工业、煤炭开采业、黑色金属矿采选业和石油加工、炼焦及核燃料加工业、电气机械及器材制造业、通用设备制造业作为主导行业部门。对上述行业进行积极引导，强化它们在河北省国民经济中的支柱、带头作用，放弃耗能大、污染强度高的部分重要行业，不仅能够使全省国民经济较快增长而且有利于保证第二产业与自然资源和环境之间的平衡。在培育主导行业群时，具体措施有：首先，注重对主导行业发展的政策引导。一是要对属于高耗能型的主导行业的发展采用限制性调控政策，不能因为其是河北省经济变动和发展的物质基础就放任其自由发展，应该优先考虑其和自然资源、环境的平衡；二是放宽市场准入，鼓励民营企业和民营资本进入这些主导行业，提升其活力；三是鼓励与其形成配套关系的劳动密集轻工业和服务业的发展。其次，立足自身优势，建立具有本地特色的主导行业群。在培育主导行业群的过程中，应该努力克服各地区产业结构趋同的弊病，坚持因地制宜，实事求是地按照各地的资源、地理、产业优势制定各自的优势行业。例如：因受区位条件、资源分布、运输条件、环境容量等多方面的制约，河北省要尊重市场的选择，除唐山、石家庄、邯郸外其他地区不适宜再发展大型的钢铁冶炼、石油加工等重化工业。只有这样才能在比较优势中处于有利的地位，才能在竞争中具有优势，使河北省的整体实力迅速增强。另外，对已有的重化工业类型的主导行业要加大投资，积极推进高素质重组，快速提高产业集中度，实现这些行业生产地和资源所在地的均衡。再次，由于河北省第二产业主导行业中资源耗费型居多，且工业结构中技术层次较低，所以不利于经济的可持续发展以及生态环境的改善。因此河北省应该采取有效措施，大力发展、加快发展高技术工业，以先进技术作为推动节约能源、减少污染的主要力量。最后，按照生产力要素所占比重分，河北省大部分主导行业属于劳动密集型行业。虽然劳动密集的行业便于发挥劳动力丰富的优势，但是从长远来看，河北省应在保证劳动密集型主导行业得到充分发展的基础之上，加快对这些主导行业设备的更新换代，以提高其产品的质量、档次和附加值。另外，由于主导行业群对工人的素质要求较高，河北省偏低的劳动力素质显然难以适应这个要求，因此政府要通过多种形式加大对人力资本的投资，培养新型产业工人。

第二，大力发展第二产业中具有高技术、创新精神的行业。

虽然河北省的第二产业在全国范围内具有一定的竞争力，市场活力较大。但是由于缺乏耗能少、污染强度低、科技含量高、具有创新精神的优质行业类型，这些具有竞争力的行业相互锁定在较低的水平上。也就是说河北省第二产业在高新技术的发展上还处于落后水平。这些耗能少、污染强度低、科技含量高、具有创新精神的优质行业是知识密集、技术密集的行业，不仅代表了一个国家、一个区域的综合实力和整体竞争力，也是一个国家、一个区域未来经济与社会发展的最重要的新增长点，其对增强第二产业竞争力发挥着越来越重要的作用。具体措施：一是继续发挥政府的扶持作用，为这些行业营造良好的发展环境。因为这些行业的优势不是与生俱来的，是后天创立的。政府要在财税扶持、金融扶持、知识产权的管理和保护、高新区环境建设等方面发挥作用。二是充分利用河北省与京津地区的地缘、人缘、业缘优势，积极吸纳北京和天津转移出的高新技术。这样一方面可以迅速淘汰原有的落后技术，另一方面可以节约成本。三是增强自身创新能力。通过建立产业部门自身技术创新机制、产业部门与省属高校、研究所合作创新机制等形式，多渠道增强我省自身创新能力，摆脱对外省技术的依赖。四是大力发展河北省传统高新技术医药产业和机械及器材制造业。医药产业和机械及器材制造业作为河北省传统高新技术产业，其良好发展不仅可以解决劳动力就业问题而且可以为产业结构转变打下良好的物质基础。

第三，大力发展工业生态园。

工业生态园是在生态学、生态经济学、产业生态学和系统工程理论指导下，将在一定地理区域内的多种具有不同生产目的的工业行业按照物质循环、生物和行业共生原理组织起来，构成一个从摇篮到坟墓利用资源的具有完整生命周期的工业行业网，以最大限度地降低工业对生态环境的负面影响，求得工业多行业综合发展的行业集团。具体措施有：一是政府要建立专门的工业生态园服务机构，加强对园区优势宣传的力度，积极制定有利于生态园区加速发展的优惠政策。二是强调园区内要坚持提高能源的使用效率、推行清洁能源、保护环境，实现可持续发展的原则。三是在园区中，通过建立科技创业和管理服务等子园，为生态园区提供先进的科学技术和高水平的信息管理服务。四是以系统理论为基础，切实建立能够提高园区新陈代谢速度的原料采购、贮运、预处理、加工、成型、包装、产品出园的系列过程，达到对园区物质、能量、信息的阶梯性利用和网络交换的生态调整效果。五是对于新建园区要进行合理的功能分区，使生态园区一开始就能成为涵盖资源再生、产品再生、废弃处理的循环链。

3）全面发展第三产业。

河北省第三产业在全国范围内具有较好的部门优势，竞争力较强。但仍总量不足且发展速度明显缓慢，在其内部占主导地位的还是传统的交通运输业、批发零售业和住宿餐饮业，作为现代社会发展重要标志的知识型服务业如信息咨询产业、金融保险业、环境保护产业等虽有发展但对第三产业的贡献比重相对较小。这也就意味着河北省第三产业结构层次较低，需要全面发展。具体措施有：一是河北省应该提高对第三产业的认识。各级政府要解放思想，转变观念，充分认识第三产业在促进全省经济繁荣、市场发育、扩大就业等方面的积极作用，大力宣传发展第三产业的重要意义，形成全社会重视第三产业发展的氛围，全面贯彻落实优惠政策，加快第三产业发展步伐。二是深化改革，提高第三产业市场化、社会化和产业化程度。河北省应进一步清除政策障碍，以市场需求为导向，放宽市场准入，允许集体经济、个体私营经济进入第三产业，发挥各种所有制在第三产业中增加就业、活跃经济的作用。对长期实行事业化管理的行业，要加快实行从非市场经营到市场经营的社会化体制转换，变福利型、事业型为经营型、企业型；培育有规模效益的重点行业，以资产、技术为纽带组建大型企业集团，推进河北省第三产业的产业化进程。三是加快对外开放步伐，提高对外开放水平。河北省应顺应现代化的趋势，加强与省外企业的合资、合作，积极引进国内外先进技术以及现代管理、服务模式；调整利用省外资金结构，提高省外资金在金融保险业和房地产业、信息咨询产业、环境保护产业等新兴行业的利用质量和效益。四是建立和完善第三产业政策法律法规体系。深化价格、财税、金融、工商管理等领域的体制改革，规范市场主体和市场行为，提倡公平竞争、合法经营，坚持依法行政和依法监督，打击非法行为，为第三产业的发展创造良好的政策环境。五是多渠道筹集资金，加大对第三产业投入力度。改革投融资体制，通过贴息、补贴等方式，引导企事业单位、社会团体、个体私营、外资各种经济成分、各类经济主体积极投资第三产业。六是提高第三产业科技含量，加强第三产业从业人员的职业培训，提高第三产业人员素质。七是努力调整第三产业内部结构，推动第三产业各行业协调发展。第三产业行业多，行业间性质差异大，应以有利于整个经济和社会发展为目的，根据需要和可能，分轻重缓急，处理好全面发展和重点突破的关系，做到统一规划，因地制宜，合理布局，协调发展。在第三产业结构调整工作中，要防止盲目投资、重复建设和地区产业结构的雷同。八是加快小城镇建设，增强第三产业发展后劲。促进农村城市化的重要载体是小城镇。加快小城镇的建设步伐对于吸纳农村剩余劳动力，扩大内需、促进第三产业发展具有重要的战略意义。

（3）促进重污染行业产品升级。

促进钢铁、建材、石化等重污染行业产品结构升级，降低资源能源消耗和污染物排放水平。制定钢铁、水泥、焦炭、小火电等高耗能、高污染行业淘汰落后推进方案，把淘汰任务落实到企业。并向社会公布，接受社会监督；对国家明令淘汰的生产工艺及设备，分解下达淘汰指标，与相关企业签订责任书。

加强跟踪和监督。定期向社会公布进展情况，对不能按期完成淘汰任务的企业，有关部门依法吊销其生产许可证和排污许可证，实施停水、停电等措施，并予以公布。

5. 建立完善节能减排考核问责机制[77]

一些地方常常把发展简单与经济增长混为一谈，又把经济增长简单等同于工业增长，在地方各级政府的政绩考核中，不应把 GDP、招商引资以及投资项目作为政绩考核的主要指标。官员政绩考核的"指挥棒"应该更科学有效地指挥地方官员们，使之清楚地意识到可持续发展的重要意义和节能减排对于可持续发展的重要作用。经过多年的探索发展，充分反映各地区经济社会发展的综合评价体系已经初步形成，在其中已纳入了节能减排等指标，这些指标的纳入将进一步作为政府领导干部综合考核评价和企业负责人业绩考核的重要依据，且"目标明确、责任清晰、措施到位、一级抓一级、一级考核一级"的节能减排目标评价考核制度也随之逐步建立。将节能减排工作纳入对地方各级官员的目标考核范围后，还需要建立和健全节能减排目标责任制和责任追究机制，对环保目标实行百分制考核和环保目标"一票否决制"。对考核结果为"未完成"等级的企业，要求限期整改；对考核等级为"完成"和"超额完成"的，进行表彰奖励。

有了严格的考核机制后，还要有相关的统计、计量、考核制度，才能准确地对节能减排工作开展情况进行量化评价。建立节能减排统计、监测和考核体系，具有重要性和紧迫性。我国必须改进现有统计方式和统计系统，收集和整理能源、环境、经济诸领域的有关数据，建立国家和地方级的能源、环境、经济信息系统，研究建立节能减排指标体系、监测体系和考核体系；建立适应社会主义市场经济体制的能源、环境、经济评价指标体系，建立科学、完整、统一的节能减排统计、监测和考核体系（以下简称"三个体系"），在各个地区经济社会发展综合评价体系中考虑将降低能耗和减少污染排放的工作情况作为评价体系的重要组成部分，通过实行严格的问责制，成为政府领导干部综合考核评价和地方企业负责人业绩考核的主要方法，这是强化政府和企业责任、确保实现既定节能减排目标的重要基础和制度保障。在下一步的相关工作中，我们还应从以下几方面努力：一是建立调整产业结构和节能减排指标的体系。逐步建立形成一套客观公正的国家节能减排统计制度，其指标体系能够如实反映各项能源和污染物指标统计、监测，数据的报送能够及时有效。按照中央关于科学发展观的要求，加快建立一套完整的指标体系，使其能够综合反映产业结构调整进展情况，该体系还必须如实反映各地经济社会发展综合评价情况。指标体系的建立将进一步准确、客观地反映产业结构和节能减排的现状以及其变化情况，同时也可以反映各地政府在调整产业结构和节能减排上做出的努力。二是建立统计监测和实地实时监测制度。各级人民政府的统计主管部门和能源主管部门建立完善能源统计体系，依法发布能源统计信息。这一套统计监测指标必须结合当地自身的基本情况，在各个区域、行业和领域实施监测，有效地对污染源进行监督性监测，同时还需要进一步做好节能降耗统计工作，对节能减排各项数据进行质量控制，确保各项数据的真实、准确。三是建立能耗、节能公报制度。在关于 GDP 能耗、耕地保有量等指标的发布上，要尽量做到定期、及时、准确和有效，充分利用社会和大众的舆论监督作用，按照各级政府的分工体系，向社会按期公布各地区能源消耗情况、本地区能耗公报等，通过了统计局和环保部审定的进行有效发布，同时建立节能信息发布制度，及时发布国内外各类能耗信息、先进的节能技术和管理经验，积极引导社会各方将经济社会发展转入全面协调可持续发展轨道上。四是建立和健全能源审计制度和审查制度，通过加强与发展改革、环保、统计等政府职能部门的沟通协调和合作等方式，提高审计人员对节能减排指标审计知识的掌握和运用水平。考虑目前审计力量和审计风险，将审计重点放在重点企业节能减排指标和任务的完成情况上，分析问题产生的原因，提出有针对性的建议，以此推动地区节能减排约束性指标的完成。以点带面，揭示分析微观典型事例促进政府采取宏观措施加强节能减排工作。通过揭示银行向高耗能高污染企业违规发放贷款、企业应淘汰未淘汰落后产能和设备、企业未安装在线监测设备或已安装设备不能正常运行、企业未按实际污染物排放量足额上缴排污费、企业偷排偷放污染物造成环境污染等典型问题，从体制、机制、制度上分析原因，督促地方政府建立部门间信息共享和协调联动机制，增强能源环境监管的协调性、整体性，促进政府有关部门综合运用行政、经济、法律等多种手段建立市场化节能减排长效机制，将政府的宏观调控目标和企业追求利润的目标协调起来，落实减排政策和措施。

6.2.2　企业角度的微观对策建议

1. 明确企业在节能减排中的主体地位

（1）增强企业节能减排意识。

一方面，建议通过广播、报纸、电视、互联网等各种传媒，加大对环保思想的宣传，增进人们的节能减排意识。推动中小企业管理者积极履行社会责任，同时以社会大众的巨大影响力迫使企业进行绿色生产。另一方面，通过加强对环保法律法规的宣传，增强企业家的环保法律意识，以法律的强制作用促使企业引进或开发环保节能技术，进行绿色生产[81]。

（2）构建企业低碳文化。

许多高碳企业已将节能减排目标纳入发展规划中，但要使低碳环保战略取得员工的认可，还应构建有特色的低碳环保文化，可以通过组织一系列"低碳活动"将低碳文化深入人心，使节能减排成为员工的自觉行为。还可以通过倡导企业低碳环保理念、进行低碳产品营销宣传等公关活动传递给社会，在塑造绿色企业形象的同时取得公众的支持[82]。

（3）加强节能减排人才的吸收培养[82]。

人才是实施低碳环保战略的基础。高碳企业实施低碳环保战略需要的人才非常稀缺，因此可采取以下措施吸收和培养：第一，与名牌院校或科研院所开展产学研合作，共建技术研发中心，通过资源共享、共建实习基地、人才交流等措施增强科技能力，为吸引人才提供平台；第二，提供更加优惠的待遇，利用企业良好的发展前景，吸引一批高端人才进入企业；第三，切实解决引进人才的后顾之忧，坚决兑现落实人才引进的各种优惠政策[83]。

（4）完善节能减排的管理体系。

首先，应建立健全节能减排管理机构，由高碳企业高管挂帅，由各类专业人员组成相对稳定的管理班子，对节能减排计划进行制定、实施和监督；其次，制定节能减排管理制度，对各类产品制定新的能耗定额，把节能减排工作量化、细化，严格考核，奖罚分明，形成较为完善的管理制度；最后，还应加强节能减排的计量管理，通过建立健全计量工作，实现对能源消耗及污染物排放的正确统计和核算。

（5）加大节能减排投资。

要突破节能减排的资金障碍，高碳企业可从以下方面进行运作：第一，积极自筹资金，把推进低碳环保战略放在企业自有资金用途的优先地位；第二，多方努力，力争使节能减排资金来源多元化，一方面争取政府的支持，另一方面也可以争取民间投资入股分成；第三，企业投资倾斜，逐步提高节能减排投资的比重。

2. 建立和完善节能减排企业目标责任机制

建立节能减排目标责任制可以强化企业的主体责任，明确目标，明确责任。《节约能源法》规定，用能单位应当建立节能目标责任制，对节能工作取得成绩的集体、个人予以奖励。《清洁生产促进法》规定：企业在污染物排放达到国家和地方规定的排放标准的基础上，可以自愿与有管辖权的经济贸易行政主管部门和环境保护行政主管部门签订进一步节约资源、消减污染物排放量的协议。经济贸易行政主管部门和环境保护行政主管部门应当在当地主要媒体上公布该企业的名称以及节约资源、防治污染的成果。

我国已在节能减排企业目标责任机制建设中，有了一些成效，但还不完善。在以后的工作中，我们应该采取以下有力举措，进一步健全节能减排企业目标责任机制[84]：

一是强化企业主体责任，建立企业目标责任制度。企业必须严格遵守节能减排相关法规、政策，落实各自的目标责任，如期保质完成；对于违法违规，隐瞒实情，不完成目标任务的企业予以责任追究。坚持"谁污染、谁治理"，对未按规定建设和运行污染减排设施的企业和单位，要采取限制上新项目、媒体曝光，甚至追究刑事责任等方式严肃处理。

二是为企业节能减排列出具体的时间安排，督促他们按期完成。

三是签订以及落实节能降耗责任书。签订节能降耗"军令状"的形式，有利于强化企业责任。

3. 实现清洁生产方式的有效运作

清洁生产方式是以节能、降耗、减污为目标，以管理和技术为手段，实施工业生产全过程污染控制，使污染物的产生量最少化的一种综合措施。推进清洁生产方式的有效运作可采取以下措施：一是完善《清洁生产促进法》的有关规定。从清洁生产要求的提出到清洁生产的推行与实施，都离不开法律引导与推进机制，要发挥市场与政府的双重作用，为清洁生产提供有力的法律保障。目前亟须进一步加强清洁生产法制建设，健全完善以《清洁生产促进法》为核心的我国清洁生产法律法规政策体系。改变《清洁生产促进法》中对清洁生产"鼓励和促进"的定位，把清洁生产作为实现污染预防和节能减排的主要手段和途径。加强对农业、服务业等领域实施清洁生产的法律规则，增加对公民个人在生活领域中如何消费等问题的法律规则。在《清洁生产促进法》法律责任条款中增加约束力更强、力度更大的惩处措施，大幅度提高违法成本，明确执法主体，提高法律强制性条款和约束性条款的执行效果。以法律的形式明确政府各部门在清洁生产的推行与实施中应承担的责任和发挥的作用，减少政府部门职责交叉，确立有关政府及其职能部门分工合作、互相配合、协调与共的清洁生产推进协同机制。建议修编后的《清洁生产促进法》能够对有关职能部门的协作机制与程序做出明确、具体的规定，充分发挥政府各部门的资源优势和工作基础，从法律的角度理顺清洁生产工作管理关系。如明确发改委宏观协调、组织调配清洁生产资金，工信部负责工业及通信行业清洁生产技术研发、示范、推广，环保部推进重点企业清洁生产及监管职能的职责分工。二是制定推动清洁生产的优惠政策。首先，可以建立清洁生产激励政策。尽快出台促进清洁生产的产业政策、清洁生产技术推广政策及财税、金融政策，引导行业主动开展清洁生产。国家应结合淘汰落后产能、产业结构调整的要求，尽快制定企业实施清洁生产的财政税收政策，对研发和先行推行清洁生产技术的企业实施减免税政策。各级银行、金融管理部门，对经济效益好、污染治理效果显著的清洁生产项目予以贷款支持，对列入国家和省的清洁生产示范项目给予贷款贴息支持。同时，推行有利于清洁生产推进的政府采购政策。通过政府向实施清洁生产的企业进行有针对性的财政补贴和适当的经济上的支持和鼓励，大幅度地调动企业实施清洁生产的积极性。其次，可以加大清洁生产资金支持力度。设立清洁生产基金，将现有 10% 排污费返还的优惠政策，改变为将排污费 10% 和技改费用的 5% 列入清洁生产基金，用于对企业通过清洁生产审核评估的清洁生产中高费方案实施的资金支持，加快提升行业清洁生产水平；建立专项资金，支持清洁生产技术研发、示范和推广、重大清洁生产项目的实施、建立清洁生产信息服务平台等；对符合国家产业政策的中小企业实施清洁生产的，应在中小企业发展基金中予以支持；建立政府管理部门清洁生产推进工作经费财政支出，保障清洁生产推进必需的人员工作经费。三是加强政策支持与引导，促进清洁生产与节能减排有效衔接。健全政策激励机制。目前国家对节能减排工作出台了大量优惠政策，而实施清洁生产的企业却没有政策支持。建议国家制定相关政策，明确凡实施清洁生产的企业应该享受或同等条件下优先享受节能减排各项优惠政策，以切实推进清洁生产工作持续开展。

4. 积极扶持节能服务产业的发展

节能服务产业是指以合同能源管理为主要的运作模式，以企业、政府机构、事业单位以及家庭等为服务对象，节能服务公司（EMC）为运作主体的企业集合。节能服务是一种有别于企业直接采购使用节能设备的能源管理模式,是一种集前期各种诊断设计,中期融资、采购、安装,后期节能测定跟踪服务为一体的系统服务[85]。

合同能源管理(简称 EMC)是 20 世纪 70 年代中期以来基于市场逐步发展起来的一种全新的节能新机制。这种新兴的专业化的"节能服务公司"(在国外称 ESCO,在国内简称 EMCO)发展十分迅速,尤其是在美国、加拿大,它已逐渐发展成为一个新兴的产业。我国应借鉴国外的这种成功经验,逐步建立适合国情的合同能源管理机制方略。合同能源管理是在实施节能项目投资的企业("用户")与专门的"节能服务公司"(营利性能源管理公司)之间签订能源管理合同,用减少的能源费来支付节能项目全部成本的节能投资方式。这样一种节能投资方式允许用户使用未来的节能收益为工厂和设备升级,以及降低目前的运行成本。在合同能源管理方式中,一般不要求企业自身对节能项目进行大笔投资,而在传统的节能投资方式下,节能项目的所有风险和所有盈利都由实施节能投资的企业承担。节能服务公司是一种基于合同能源管理机制运作的、以营利为直接目的的专业化公司。ESCO 与愿意进行节能改造的用户签订节能服务合同,为用户的节能项目进行投资或融资,向用户提供能源效率审计、节能项目设计、施工、监测、管理等一条龙服务,并通过与用户分享项目实施后产生的节能效益来盈利和滚动发展。合同能源管理机制实质是一种以减少的能源费用来支付节能项目全部成本的节能投资方式。它有助于推动节能项目的开展。下一步,河北省应该借鉴国外的和国内部分省份以及本省的成功经验大力推行合同能源管理,加快建立集节能诊断、设计、融资、改造、运行、管理等服务于一体的节能减排技术服务体系,积极推行相关服务的市场化服务新机制。

6.2.3　群众角度的微观对策建议

1. 建立和完善节能减排宣传教育和培训机制

节能是全社会共同的责任。节能减排是消费行为和结构的重大改变，必须动员全社会参与。有效的节能减排还要靠人们的节能环保意识。建设资源节约型社会，需要广泛的社会基础和全民的参与，节能减排要成为人们的日常行为。同时要加强节能的宣传教育，使全民节约意识得到增强，"树立节约意识、倡导节约文明"。我国应通过宣传，不断提高全民的能源忧患意识和节能意识，使节约能源、反对浪费成为每个公民的自觉行动，为实现国家节能目标做出积极贡献；同时使全体人民都在节约中体会到生活质量改善的益处。我们应树立尊重自然、节约资源的价值观以及道德观，通过教育、艺术，文学、科学技术的支持协助，使全民能源资源节约意识得到增强，使节约型社会、环境友好型社会的理念成为全社会的共识和奉行的价值观。我们必须建立能源可持续开发利用的教育宣传机制，广泛、深入、持久地开展资源节约宣传，加大节能宣传力度。细分下来，可从这几方面着手：

（1）新闻媒体要加强节能减排宣传。

河北省要利用各种方式和舆论传媒的力量，加大对节约能源资源的宣扬，树立节约风尚，建设节约文化，倡导节约文明，同时还要曝光浪费现象，引导社会公众：节约能源资源从现在做起、从自身做起、从身边小事做起。媒体要强化节能宣传，保障公众的节能减排知情权、参与权和监督权，扩大环境信息公开范围。

（2）发布公民节约行为准则，宣传节能知识。

德国能源机构负责组织全国的节能知识宣传，并设有专门的节能知识网站，目前，该机构正在发动一个全国性的家庭节能知识宣传活动。该机构反复宣传的重点之一就是要防止电器待机耗电现象。根据统计，电器设备处于待机状态（关闭后不将电源切断）所消耗的电量占德国所有家庭用电量的11%。这对于河北省建立节约型社会不失为很好的经验借鉴，因此，以后我们宣传节能时，也可注重从这些小细节开始工作，用具体数据来说明节约的大作用。

（3）加强能源教育和培训。

节能、环境意识的强弱与公众文化程度的高低有密切的关系。从调查的情况看，无论是对节能、环境问题的认识水平，还是参与节能、环保、关注环保的自觉程度，受教育水平高的公众，这些方面就强很多。因此要加强这些方向的教育，提高公众节能、环保意识。此外，我国还应该鼓励科研机构、教育机构与企业合作培养能源科技人才，支持培养农村实用型能源科技人才。在中小学中开展国情和节约资源的教育，组织开展资源管理和技术人员的培训。

（4）积极开展"节能减排全民行动"。

"节能减排全民行动"包括九项专项行动，企业行动、学校行动、青少年行动、家庭社区行动、军营行动、政府机构行动、科技行动、科普行动、媒体行动等。它可以调动全社会参与节能减排的积极性，使节能减排成为每个社会成员的自觉行动。

总之，每一个公民应该要增强节能意识，站在国家发展战略的位置和全局的高度，充分意识到加快建设节约型社会的重要性和紧迫性，深刻领会节能节电对保障和促进国民经济可持续发展的重要意义，同时使自身的忧患意识得到提高，积极自觉遵守相关法律法规。

2. 建立和完善节能减排理性消费导向机制

节约，是个人的一种生活态度。每一个消费者都是气候变化的造成者，同时又是找寻解决方法的一个成员。我们要积极倡导环境友好型的消费方式，大力倡导适度消费、公平消费和绿色消费，通过环境友好的消费选择带动环境友好产品和服务的生产；通过生产技术与工艺的改进，不断降低环境友好产品的成本，形成绿色消费与绿色生产之间的良性互动。

节约也是社会全体对未来的一种生活态度。资源关系到人类的生存，关系到子孙后代的发展。节约的生活态度就要人们尊重自然发展的规律，在资源有限的前提下，从可持续发展角度，为人类的未来发展负责。建设环境友好型社会，必须坚持大力弘扬我国传统文化中优秀的环境伦理观，反对不符合国情、大肆铺张浪费的错误观点。提倡"能源安全健康消费""能源绿色消费"的理念。消费与环境具有很大的关系，倡导健康、文明的消费方式，节约能源与资源，使人与自然和谐相处。建设节约型社会，从根本上说就是要积极倡导和着力构建节约型的增长方式和环境友好的消费模式。结合我国实际，可采取以下几种有效措施：

（1）大力倡导理性消费和"绿色消费"，反对和限制盲目消费、过度消费、奢侈浪费。

我国要大力倡导绿色消费、适度消费和公平消费，不能复制过去美国式能源消费模式。我们应该有这样的理念：为了子孙后代以及好的生存环境，摈弃追求奢华的陋习，大力提倡能源的科学消费和理性消费。

（2）着力构建节约型的消费模式。

我们应在日常生活中时刻谨记节能降耗，树立节能意识，倡导节能文明，建设节能文化，使节能光荣、浪费可耻的社会潮流得到推行，同时要倡导健康文明的消费方式来节约资源，以及减少消费对环境的负面影响，从而使人与自然能够做到和谐相处。

（3）使安全与和谐形成合力。

安全和和谐具有相互依存相互影响以及相互制约的哲学关系，人类需要正确理解其作用关系和机理，努力探求结合二者之方法，使其共同作用于影响人类消费生活的自然、人为环境，在消费领域寻找解决人与社会、人与自然之间的矛盾，这是中国经济社会发展到目前阶段需要解决的重大课题。

（4）使用节能产品。

国家应对节能产品的使用者和生产者予以一定的补助，大力提倡使用节能产品，这样既可以节约有限的资源，又能调动大家的积极性，为企业对新产品的研发和生产提供一定的支持。

（5）大力开展消费指导和消费教育。

《清洁生产促进法》规定："各级人民政府应当通过宣传、教育等措施，鼓励公众购买和使用节能、节水、废物再生利用等有利于环境与资源保护的产品。"这部法律的制定将有助于明确各级政府及有关部门在推行清洁生产方面的义务，有助于提高企业自觉实施清洁生产的积极性，明确企业实施清洁生产的途径和方向，从长远看，也将有助于国民经济朝循环经济的方向转变。各级人民政府还要采取各种有效形式，组织开展节约用粮、用水、用电、用油、用纸等系列消费教育活动，引导消费者、经营者和社会各方面崇尚节俭，反对浪费，保护环境资源，倡导健康、文明的消费方式和消费行为，树立可持续消费观。

3. 建立和完善节能减排全民参与综合机制

节能涉及各种行业和千家万户，需要大家的一起参与以及努力。《节能中长期专项规划》指出：节能是一项系统工程，需要有关部门的协调配合、共同推动。2007 年，我国开展了节能减排全民行动，提出"保护环境，人人有责；节能降耗，从我做起！"，号召家家户户从生活细节开始，多使用节能节电认证产品，少用高耗能电器，培养良好的节能生活方式以及掌握如何科学用能。开展家庭社区行动，从社会方面来提倡节能环保新理念，形成健康、文明、节约、环保的生活方式，使广大市民以节能、节水、节材、资源综合利用为重点，强化节约意识、促进节能降耗。并且从身边细节开始，节约一度电、一张纸、一滴水、一升油、一分电费，使各种文件、会议得到简易开展，养成艰苦朴素、勤俭节约的风气。总的说来，本节提出以下几条具体建议：

（1）养成节能好习惯。

节能是全社会的事。因此，人人都有节电、节水、节气的义务，也要养成离开就要关掉灯、空调等用电设备的节电习惯，坚决抵制长明灯，减少待机能耗。在发展经济的过程中，在企业发展的过程当中，在我们个人的日常生活当中，我们都要树立节约的意识和养成这种受益终生的好习惯。

（2）选择使用绿色环保型新能源。

居民在日常生活中应尽可能选择使用太阳能绿色环保型新能源，比如太阳能发电器、太阳灶、太阳能灯、太阳能帽、太阳能手电筒、太阳能干燥器、太阳能热水器、地板采暖系统等。太阳能系列环保绿色产品具有很多优点，环保、节能、安全、方便、使用寿命长、一次投资、长期受益等。这些既有利于节约国家能源，又实现了绿色可持续的发展，引导节能环保生活新时尚。在日常生活中，我们应尽量避开在用电高峰使用电熨斗、微波炉、电水壶、电热水器等大功率家电。

（3）积极开展节约型社会创建活动。

创建节约型城市、节约型企业、节约型机关、节约型社区、节约型学校等活动，特别是在高耗能行业、领域要掀起这种节能降耗热潮。《国务院关于加强节能工作的决定》要求引导商业和民用节能，在公用设施、宾馆商厦、写字楼、居民住宅中推广采用高效节能办公设备、家用电器、照明产品等。

（4）组织开展安全、节能、环保消费产品评比、推荐活动。

通过采取企业自愿申请、行业部门推荐、组织有关专家评议和消费者投票选择的方法，在中国消费者权益保护协会下制定《安全、节能、环保消费产品评比、推荐办法》，评比、推荐出一批具有特殊鲜明的节能、环保的消费产品。评选活动的大力开展和顺利实施将进一步鼓励企业在生产方式上的自主创新，以便为广大消费者提供更特殊鲜明的节能、环保消费产品。

（5）购买节能、节水产品和再生利用产品。

住房、汽车等新的消费热点在拉动消费结构升级中发挥着重要作用。我国政府要鼓励购买低油耗、低排量的节能环保型汽车和节能省地型住宅，鼓励消费者购买节能节水产品以及再生利用产品，不用华而不实的包装，尽可能减少一次性产品的使用。

（6）公众参与能源决策。

2008年3月5日，温家宝总理在第十一届全国人民代表大会第一次会议上指出：深化政治体制改革，发展社会主义政治文明。扩大人民民主，健全民主制度，丰富民主形式，拓宽民主渠道，依法实行民主选举、民主决策、民主管理、民主监督，保障人们的知情权、参与权、表达权、监督权。因此，我们在进行能源相关重大决策时，还要积极听取企业、社会民众的意见，增强民主性和透明度。

（7）重视环保社团的作用。

随着改革开放的深入，公众对社团的意识逐渐得到提升。一些环保热心人、志愿者组织起来成立环保社团，开展一些关于环保的活动。同时，公众也逐渐发现可以通过环保社团的帮助，解决一些关系切身利益的问题。因此，公众越来越看重组织和参加社团的活动。我国政府十分重视环保社团的作用以及关注它的发展。国务院在《关于环境保护若干问题的决定》中明确提出：建立公众参与机制，发挥社会团体的作用，鼓励公众参与环境保护工作，检举和揭发各种违反环境保护法律法规的行为。随着市场经济的发展、小政府大社会格局的建立，在各级政府的直接关怀支持下，中国社会团体将会进入一个新的发展时期。

总之，我们要在科学发展观的指导下，坚持节能减排优先的方针，以提高能源利用效率、减少污染物的直接排放为核心，以加快技术进步、调整产业结构为根本，以健全法规、完善政策为保障，结合我国特色，根据各地面临的经济、社会发展实际，深入改革，创新机制，逐步改变生产方式和消费方式，形成政府主导、企业主体和全社会全面参与的节能减排机制，促进经济社会的全面可持续发展。

6.3　本章小结

本章针对目前节能减排的状况和存在的问题，从宏观和微观两个角度分别提出了相应对策建议。宏观角度提出：一是要建立完善的节能减排的综合机制，保证节能减排的长期有序开展；二是要加快节能减排的技术创新，推动节能减排的深入开展；三是节能减排要区别对待，以应对区域发展不平衡。微观的对策建议主要是从政府、企业和群众三个角度对如何改善节能减排的发展提出具体建议。

第 7 章　结论与展望

7.1　结论

本书在现有的节能减排研究的基础上，通过将倒逼机制引入河北省节能减排的创新思路中，基于节能减排的各相关理论和方法，研究了我国以及河北省节能减排发展的现状、发展障碍、倒逼机制应用节能减排的实现路径以及对河北省节能减排效果的分析和相关对策，主要结论如下：

（1）我国节能减排的发展现状主要是我国应对气候变化工作基础还相对薄弱，相关法律法规、体制机制、政策体系、标准规范还不健全，相关财税、投资、价格、金融等政策机制需要进一步创新，市场化机制还有待强化，统计核算等能力建设亟须加强，气候友好技术研发和推广应用能力需要进一步提高，人才队伍建设相对滞后，全社会应对气候变化的认识水平和能力普遍较低。河北省的节能减排发展现状较全国而言非常严峻，虽然能源消耗、温室气体排放量、单位能耗等均有所提高和改善，但和其他发达省份相比仍然差距很大。

（2）总结了我国和河北省节能减排发展缓慢的原因，我国节能减排发展缓慢的原因主要是因为国家节能减排与地方经济发展的目标相悖、节能减排的市场化手段和经济措施缺乏、分税制的不完善导致了我国产业结构的不合理、社会发展对能源依赖性强和政策、投资的滞后效应等。河北省发展缓慢的原因主要有能源需求量大、能源种类结构不合理和经济结构不合理等。

（3）将倒逼机制应用于节能减排中的实现路径主要有以政策体系实现倒逼、以利益作用实现倒逼和以道德作用实现倒逼三种。

（4）通过情景分析法对河北省节能减排进行分析并通过定量的方法对河北省未来十年的能源需求量和碳排放量进行了预测。综合考虑设置了经济发展情景、节能减排力度情景和能源消费结构改变的情景。分析得出能源需求量与经济发展的速度和节能率有关，不同的经济发展速度和节能率所需的能源量不同，而且能源需求量呈逐年增长的趋势。碳排放量和能源消费结构和能源需求量有关，因此碳排放量也呈逐年增加的趋势，并且同为（A_i，B_j）情景，C_2 情景下的碳排放量要比 C_1 情景下的碳排放量低许多。

（5）为了改善和促进节能减排工作应从宏观和微观两个角度来制定相应措施。宏观方面要建立完善的节能减排的综合机制，保证节能减排的长期有序开展；提出加快节能减排的技术创新的建议，推动节能减排的深入开展；提出节能减排区别对待的建议，应对区域发展不平衡。微观方面要从政府、企业、群众的角度来提出相应的对策建议。

7.2　展望

节能减排是一个系统的、复杂的工程，需要不断地、持续地对其发展问题进行研究。本书只是对节能减排创新思路的简单研究，还有许多方面的问题有待解决和研究，所以我们对将来的研究有如下展望：

（1）节能减排作为一个新兴的产业，将其产业化，然后从一个完整的产业的角度来对节能减排进行研究。

（2）本书在对节能减排发展缓慢的原因进行分析时，偏向于其宏观角度的研究，其微观性原因有待进一步的深化研究。

（3）本书使用情景分析法对碳排放进行预测，影响碳排放的因素有很多，书中只选择了主要的经济发展和能源消耗两大影响因素，但对于碳排放情景假设越具体详细得出的结果越精确，因此对于影响碳排放的因素体系以及各因素的影响权重问题有待进一步的探索研究。

（4）在促进节能减排的对策建议方面，由于各个行业碳排放的能力有所不同，因此各行业的节能减排力度也会有所不同。从各个行业的角度出发提出一些对策建议和技术选择使用的研究有待进一步加深。

对于以上提出的一些研究方向和角度，我们将持续研究，结合最新的理论和研究成果，力求取得更大的进步。

参考文献

［1］ Gutierrez – Guerra, Roberto. Reducing energy consumption and CO_2 emissions in extrac-
tive distillation ［J］. Chemical Engineering Research & Design, 2009 （87）: 145 – 152.

［2］ M Bojic, P Mouradou Routas. Energy saving does not yield CO_2 emissions reductions :
the case of waste fuel use in a steel mill ［J］. Applied Thermal Engineering, 2000
（11）: 963 – 975.

［3］ Endo E. A method for evaluating effects of energy efficiency improvement on Carbon Di-
oxide emission reduction ［J］. Electrical Engineering in Japan, 1993, 113 （6）: 35 – 43.

［4］ Sugihara H, Tomioka H, K Tsaji. A competitive evaluation of urban energy systems
from viewpoints of energy conservation and mitigating environmental impact ［J］. Elec-
trical Engineering in Japan, 2008, 164 （2）: 71 – 79.

［5］ Saleh, Nelson, Bell. Determinants of energy consumption: examination of alternative
transport policies using the temis program ［J］. Transportation Research Part D:
Transport and Environment, 1998, 3 （2）: 93 – 103.

［6］ Greene, Plotkin. Energy futures for the US transport sectors ［J］. Energy Policy,
2001, 29 （14）: 1255 – 1270.

［7］ Burgess, Choi. A parametric study of the energy demands of car transportion: a case
study of two competing commuter routes in the UK ［J］. Transportation Research Part
D: Transport and Environment, 2003, 8 （1）: 21 – 36.

［8］ Jiri Klemes, F Friedler. Advances in progress integration, energy saving and emissions
reduction ［J］. Applied Thermal Engineering, 2010, 30 （1）: 1 – 5.

［9］ Psomopoulos, Skoula, Karras, et al. Electricity savings and CO_2 emissions reduction in
buildings sector: How important the network losses are in the calculation? ［J］. Ener-

gy, 2010, 35 (1)：485 – 490.

[10] Long R, Yu L. Study on regulation design about energy – saving and emission – reduction based on game theory [J]. Procedia Earth and Planetary Science, 2009, 1 (1)：1641 – 1646.

[11] 张宇杰. 河北省节能降耗现状及提升对策研究 [D]. 河北师范大学, 2014.

[12] 孙海彬, 苏迪. 节能减排现状分析及对策 [J]. 上海电力学院学报, 2010, 26 (3)：233 – 236.

[13] 余泳泽, 邓姗姗. 我国节能减排的现状、问题与解决路径——一个文献综述 [J]. 产业经济评论, 2014 (6)：33 – 43.

[14] 程丽娜. 中国目前节能减排现状分析及对策 [J]. 能源与节能, 2012 (6)：47 – 48.

[15] 张力. 节能减排的可持续发展模式研究 [J]. 资源开发与市场, 2010, 26 (9)：821 – 823.

[16] 余泳泽. 我国节能减排潜力、治理效率与实施路径研究 [J]. 中国工业经济, 2011 (5)：58 – 68.

[17] 田晓歌. 低碳经济背景下的中国节能减排发展研究 [J]. 资源节约与环保, 2013 (12)：4.

[18] 李齐云. 我国节能减排现状及税收促进政策效应分析 [J]. 经济理论与政策研究, 2014 (4).

[19] 杨珉. 经济转型期节能降耗发展路径研究 [D]. 苏州大学, 2014.

[20] 李玮. 倒逼机制：企业节能减排中的政府角色探析 [J]. 理论导刊, 2011 (3)：77 – 80.

[21] 邓奎. 控制能源消费总量强化倒逼机制 [J]. 宏观经济管理, 2013 (4)：42 – 44.

[22] 朱亮峰, 黄国良, 张亚杰. 煤炭市场倒逼机制下我国能源结构走势的研究 [J]. 价格理论与实践, 2014 (3)：57 – 59.

[23] 高立萍. 能源消费控制首提倒逼机制 [N]. 北京商报, 2012 – 01 – 11.

[24] 吕斌. 不可忽视的减排力量——能效电厂 [C]. 第十三届中国科协年会第7分会场 – 实现"2020年单位GDP二氧化碳排放强度下降40%～45%"的途径研讨会, 中国天津, 2011.

[25] 梁志勇, 余岳溪. 基于加强电源侧管理的能效电厂建设研究 [J]. 广东电力, 2009, 22 (9)：14 – 16.

[26] 曹亮. 能效电厂在节能减排中的应用 [J]. 上海电力, 2008 (3)：

241 – 242.

[27] 张通. 英国政府推行节能减排的主要特点及其对我国的启示 [J]. 中共中央党校学报, 2008, 12 (1): 54 – 59.

[28] 李艳梅, 王敬敏. 能效电厂项目风险管理模型及决策支持系统——基于 EPC 模式 [M]. 北京: 知识产权出版社, 2015.

[29] 赵芃. 考虑能效电厂的发电综合资源规划模型及应用 [D]. 北京交通大学, 2015.

[30] 武汉美, 邹云. 能效电厂的运营模式分析与决策模型研究 [J]. 江苏科技大学学报: 自然科学版, 2011, 25 (6): 588 – 591.

[31] 袁昕, 陈巍. 能效电厂的实施模式及面临的主要问题 [J]. 节能与环保, 2011 (7): 54 – 56.

[32] 高绘彦, 范宏. 能效电厂的发展及应用研究综述 [J]. 智能电网, 2015, 3 (12): 1202 – 1208.

[33] 吴鹏, 谭显东, 单葆国, 等. 我国能效电厂建设组织模式研究 [J]. 电力需求侧管理, 2010, 12 (5): 4 – 8.

[34] David Moskovitz, Frederick Weston, 周伏秋, 等. 大力推行能效电厂, 支持实现国家节能减排目标 [J]. 电力需求侧管理, 2007, 9 (4): 2 – 5.

[35] 宋云霞. 能效电厂投资财务评价研究 [D]. 华北电力大学, 2013.

[36] 周景宏. 能效电厂理论与综合资源战略规划模型研究 [D]. 华北电力大学 (北京), 2011.

[37] 张炜. 倒逼机制: 作为实践逻辑的似真推理 [J]. 中南大学学报: 社会科学版, 2012, 18 (3): 59 – 62.

[38] 岳海辉. 环境倒逼机制推动河北省产业转型升级 [J]. 中国经贸导刊, 2014 (5): 22 – 23.

[39] 娄伟. 情景分析方法研究 [J]. 未来与发展, 2012, 35 (9): 17 – 26.

[40] Ringland G. Scenario Planning: Managing for the Future [M]. Chichester: Wiley, 1998.

[41] 袁丽铭. 基于生命周期法和情景分析法的保定市电力碳排放研究 [D]. 华北电力大学, 2012.

［42］岳珍，赖茂生. 国外"情景分析方法"的进展［J］. 情报杂志，
2006，25（7）：59－60.

［43］娄伟. 情景分析理论研究［J］. 期未来与发展，2013，36（8）：
30－37.

［44］宗蓓华. 战略预测中的情景分析法［J］. 预测，1994（2）：50－51.

［45］王知津，周鹏，韩正彪. 基于情景分析法的企业危机发展预测［J］.
图书馆论坛，2010，30（6）：299－302.

［46］张学才，郭瑞雪. 情景分析方法综述［J］. 理论月刊，2005（8）：
125－126.

［47］刘俊杰，李树林，范浩杰，等. 情景分析法应用于能源需求与碳排
放预测［J］. 节能技术，2012，30（1）：70－75.

［48］张峰，马洪云，沙景华. 基于情景分析法的2020年我国铜资源需求
预测［J］. 资源与产业，2012，14（4）：30－35.

［49］冯悦怡，张力小. 城市节能与碳减排政策情景分析——以北京市为
例［J］. 资源科学，2012，34（3）：541－550.

［50］刘瑞. 基于情景分析法的山西省煤炭行业节能减排对策研究［D］.
山西财经大学，2013.

［51］余艳春，邵春福，董威. 情景分析法在交通规划中的应用研究［J］. 武
汉理工大学学报：交通科学与工程版，2007，31（2）：304－307.

［52］季求知，张佳，王元庆. 情景分析法对西部公路建设规模测算分析
［J］. 公路，2005（1）：42－48.

［53］贾海艺，尹文强，陈钟鸣，等. 基于史密斯模型与情景分析法的
"先看病后付费"政策研究［J］. 中国卫生事业管理，2015，32
（4）：244－246.

［54］强瑞. 节能减排能力成熟度模型及其应用［M］. 厦门：厦门大学出
版社，2011.

［55］朱启贵. 节能减排统计研究［M］. 上海：上海交通大学出版
社，2014.

［56］吴旭赞. 中国节能产业发展机理分析与路径选择［D］. 浙江工商大
学，2008.

[57] 史丹. "十二五" 节能减排的成效与 "十三五" 的任务 [J]. 中国能源, 2015, 37 (9)：4 - 10.

[58] 孙海彬, 苏迪. 节能减排现状分析及对策 [J]. 上海电力学院学报, 2010, 26 (3)：233 - 236.

[59] 庄贵阳. 中国发展低碳经济的困难与障碍分析 [J]. 江西社会科学, 2009 (7)：20 - 26.

[60] 李宏伟. 节能减排的意义、障碍及实施路径 [J]. 中国党政干部论坛, 2007 (11)：61 - 62.

[61] 高祥峰. 能效电厂推广瓶颈分析与对策探讨 [J]. 中国电力教育, 2008 (8)：97 - 99.

[62] 马驰, 虞良荣. 能效电厂实施的条件分析和对策探讨 [J]. 上海节能, 2007 (1)：13 - 16.

[63] 刘澎涛. 江苏管桩企业能效电厂项目建设 [J]. 电力需求侧管理, 2010, 12 (5)：46 - 47.

[64] Ramanathan R. A multi - factor efficiency perspective to the relationships among world GDP, energy consumption and carbon dioxide emissions [J]. Technological Forecasting & Social Change, 2006, 73 (5)：483 - 494.

[65] 涂正革. 环境、资源与工业增长的协调性 [J]. 经济研究, 2008 (2)：93 - 105.

[66] 陈诗一. 能源消耗、二氧化碳排放与中国工业的可持续发展 [J]. 经济研究, 2009 (4)：41 - 55.

[67] Mar B, Bakken O. Applying Classical Control Theory to Energy - Economics Modeling—A Tool to Explain Model Behavior in Response to Varied Policy Decisions and Changing Inputs [J]. Management Science, 1981, 27 (1)：81 - 92.

[68] 林伯强, 姚昕, 刘希颖. 节能和碳排放约束下的中国能源结构战略调整 [J]. 中国社会科学, 2010 (2)：58 - 71.

[69] 赵进文, 范继涛. 经济增长与能源消费内在依从关系的实证研究 [J]. 经济研究, 2007, 2 (8)：31 - 42.

[70] 蔡昉, 都阳, 王美艳. 经济发展方式转变与节能减排内在动力 [J].

经济研究，2008（6）：4-11.

[71] 国涓，项吉宁，郭崇慧. 空间影响与环境库兹涅茨曲线：基于空间经济计量方法的实证分析 [J]. 数理统计与管理，2009，28（4）：678-684.

[72] 何晓萍，刘希颖，林艳苹. 中国城市化进程中的电力需求预测 [J]. 经济研究，2009（1）：118-130.

[73] 吴巧生. 中国工业化进程中的能源消耗强度变动及影响因素——基于费雪（Fisher）指数分解方法的实证分析 [J]. 经济理论与经济管理，2010（55）：44-50.

[74] 杭雷鸣，屠梅曾. 能源价格对能源强度的影响——以国内制造业为例 [J]. 数量经济技术经济研究，2006，23（12）：93-100.

[75] 中国能源和碳排放研究课题组. 2050 中国能源和碳排放报告 [M]. 北京：科学出版社，2009.

[76] 周志田，马平川. 中国资源能源消耗零增长的拐点分析 [J]. 中国科技信息，2011（9）：299-300.

[77] 沙之杰. 低碳经济背景下的中国节能减排发展研究 [D]. 西南财经大学，2011.

[78] 李霞. 破除节能减排思想障碍的路径思考 [J]. 中国高新技术企业，2008（22）：166.

[79] 张晓红. 促进节能减排的财税政策研究 [D]. 河北大学，2010.

[80] 王立甲. 节能减排背景下的河北省产业结构调整研究 [D]. 河北经贸大学，2012.

[81] 高志新，秦欣. 中小企业节能减排开展缓慢的原因探究 [J]. 中国经贸导刊，2009（20）：49.

[82] 李淑惠. 陕西高碳企业实施低碳环保战略的障碍与措施 [J]. 西安财经学院学报，2011，24（4）：22-26.

[83] 牛婷. 我国环保产业发展及其优化升级分析——基于 1988—2008 年相关数据的分析 [J]. 西安财经学院学报，2010，23（4）：47-50.

[84] 莫神星. 节能减排机制法律政策研究 [M]. 北京：中国时代经济出版社，2008.

[85] 袁开福. 我国节能减排困境、成因及应对策略分析 [J]. 生产力研

究，2009（6）：99 –101.

[86] 王松奇. 金融学 [M]. 2 版. 北京：中国金融出版社，2000.

[87] 李玮. 倒逼机制：企业节能减排中的政府角色探析 [J]. 理论导刊，2011（3）：77 –80.

[88] 姚天冲，邵炯昊. 刍议政府运用倒逼机制促进企业创新 [J]. 科技管理研究，2014，34（11）：17 –20.

[89] 张德鹏，张凤华，陈晓雁. 广东产业转型升级的倒逼机制构建及路径选择 [J]. 科学管理研究，2013，33（17）：29 –33.

[90] 中国节能投资公司. 2009 中国节能减排产业发展报告：迎接低碳经济新时代 [M]. 北京：中国水利水电出版社，2009.

[91] 河北省人民政府. 河北经济年鉴（2012）[M]. 北京：中国统计出版社，2012.

[92] 国家统计局，环境保护部. 中国环境统计年鉴—2012 [M]. 北京：中国统计出版社，2012.

[93] 裴桂芬，郑明慧. 河北省能源消费及节能对策分析 [J]. 河北大学学报：哲学社会科学版，2011，36（6）：87 –93.

[94] 郑明慧，王亚飞，等. 河北省能源消费现状及节能对策 [J]. 中国经贸导刊，2011（18）：53 –54.

[95] 董苗虎，陈凯，丁天舒. 推进节能减排促进生态环境协调发展的对策和建议 [J]. 环境污染与防治，2008，30（2）：93 –96

[96] Peters, Weber, Liu. Construction of Chinese energy and emissions inventory [J]. Academic Medicine Journal of the Association of American Medical Colleges, 2006, 69（9）：703.

[97] J Liu, J Diamond. China's Environment in a Globalizing World：How China and the rest of the world affect each other [J]. World Environment, 2005, 435：1179 –1186.

[98] Stern N. The Economics of Climate Change：The Stern Review on the Economics of Climate Change [M]. Cambridge：Cambridge University Press, 2006.

后 记

本书基于"节能降耗"的视角，以提高终端能源利用效率的"能效电厂"项目为对象，研究了采用倒逼机制推动"能效电厂"项目的健康、可持续发展的实现路径及机理分析；建立了节能降耗总体效果评价指标体系，基于情景分析法评价了倒逼机制对河北省节能降耗的总体效果的影响；从战略和政策两个层面，基于宏观和微观两个视角，提出了合理化的发展战略和政策建议。

节能减排问题的研究是动态的、与时俱进的、可持续的。由于时间和资金所限，及整理和收集数据、资料的渠道所限，本书对一些问题的研究和分析不够全面和透彻。作者及其团队将在后续的研究中继续深入挖掘相关的数据和资料，并寻求相关的资金支持，使该问题得到更为深入和全面的研究。

本书在写作过程中得到了相关部门的支持和帮助，在此深表谢意。感谢王琪、哈宁宁、胡洪丹三位同学对本书所做的贡献。感谢河北省哲学社会科学规划办公室对本著作的基金支持。

本书为作者李艳梅 2015 年承担的"河北省社会科学基金项目"，项目编号：HB15YJ038。